JN027763

もしも桃太郎が少年ジャンプの連載だったら

スエヒロ

集英社

三年寝太郎先生は、睡眠のため休載です。

はじめに

友情！努力！勝利！
こんにちは、スエヒロと申します。

　この本は、昔話や童話の世界に登場する人物やできごとを、現代社会のさまざまなものに置き換えた作品を集めた一冊です。
　昔話のあの人が現代のツールを使っていたら…？
　童話のあのストーリーが現代を舞台に繰り広げられたら…？　などなど表題のジャンプネタから、細かいあるあるネタまで、様々なパロディが詰まった一冊です。幼い頃に聞いた物語や、ドキドキしながら読んだ絵本のお話、国語の授業で知ったあのストーリーを、現代の身近なものに置き換えることで、よりリアルにその世界をジワ～っと感じることができるのではないかと思います（多分）。
　ということで夜な夜な作った昔話パロディの世界を、最後までお楽しみいただけると幸いです。

スエヒロ

最強昔話が集結!

来週もワクワクドキドキが止まらないゾ!

☆

ONE PEACH
（ワン ピーチ）

桃太郎
（ももたろう）

ついに鬼ヶ島に到着した桃太郎一行。
しかじそこには鬼たちが仕掛けた罠が!
桃太郎一行は大ピンチに陥る!!

お供友情パワーだ!
（ともゆうじょう）

SARUKANIxSARUKANI
（さるかに さるかに）

連載再開!

蟹（かに）

蟹一派vsサルの頂上決戦!牛糞が
捨て身のアタックにでる!

カメマン。

浦島太郎
（うらしまたろう）

遂に最終回!

遂に箱をあけた太郎。
衝撃の事態が太郎を襲う!

夢の新連載が続々スタート!
（ゆめ しんれんさい ぞくぞく）
昔話からもう目が離せない!
（むかしばなし め はな）

新連載!

電影雪女
（でんえいゆきおんな）

ゆきおんな

クールな彼女がやってくる!
話題の新人がデビュー!!

●地蔵のバスケ●僕のわらしベアカデミア
●金肉マン●スティール・メロス・ラン
●分福教室 ほか好評連載!

昔話ジャンプ
（がつ にち はつばい）

定価小判1枚 **3月2日** 火 発売

第3回
（だい かい）
昔話ジャンプ新人賞募集
（むかしばなし しんじんしょうぼしゅう）

目指せデビュー!明日の主人公は君だ!

CONTENTS

桃太郎

浦島太郎

金太郎

2. 知っているようで知らなかった
日本昔話の舞台裏

3. 世界三大姫の恋愛事情

シンデレラ 白雪姫 かぐや姫

シンデレラ

白雪姫

かぐや姫

4. 本当はおもしろすぎる

世界昔話の真実

5. まだまだ奥が深い
現代童話の
世界

装丁・本文デザイン／矢野知子

校正／加藤　優

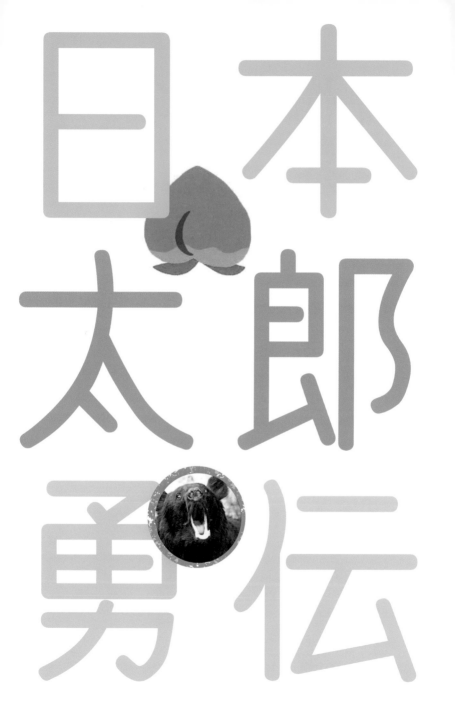

日本太郎勇伝

三太の武

たまてばこ
煙も出るよ！

● 桃太郎
● 浦島太郎
● 金太郎

1

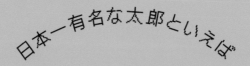

日本一有名な太郎といえば

PEACH BOY

桃太郎

桃太郎とは……？

むかしむかし、あるところにおじいさんとおばあさんが住んでいました。おじいさんは山へ柴刈りに、おばあさんは川へ洗濯に。おばあさんが川で洗濯していると、川上から大きな桃がどんぶらこどんぶらこと流れてきました。おばあさんは桃を家に持ち帰り割ってみたところ、中から男の子が。おじいさんとおばあさんは、男の子を桃太郎と名付け、育てました。やがて大きくなった桃太郎は鬼ヶ島へ鬼退治に行くことに。おばあさんがつくってくれたきびだんごで、犬、猿、キジをお供にして、いざ鬼ヶ島へ。見事、鬼を退治した桃太郎は財宝を村へ持ち帰りました。というお話。

鬼退治参加メンバー 募集のお知らせ

村の平和を守るために活動を行っているグループです。リーダーの桃太郎を中心にみんなで和気あいあいと楽しく鬼退治しています。鬼ヶ島を訪れての鬼退治も行っています。人間のほか動物の方でもOK！ 一人(一匹)でも参加できますので、鬼退治に興味のある方はぜひご参加ください！ 初心者も大歓迎〜♫

一緒に鬼を退治して村の平和を守りませんか？

■活動場所・日時
近隣の村周辺・終日
※出張業務(鬼退治)の際は泊まりあり

■応募条件
鬼と戦える人または動物(年齢不問)

■こんな人・動物は大歓迎！
咬むのが大好きな方♪♪
引っ掻くのが大好きな方♪♪
空を飛べたりする方♪♪
新しいことに挑戦したい方♪♪

■その他
メンバーの方には賄いをご用意させていただきます(きびだんご 一食付き)

LET'S ONI TAIJI!!

GO TO ONIGASHIMA!

村長
掲載許可済
11月2日

お問い合わせ・担当 桃太郎

※注意事項
鬼退治の際に怪我・負傷する場合がございますので、自己責任でご参加ください。

桃太郎

もしも桃太郎が「お供の募集」を掲示板に貼り出していたら。なにかにチャレンジしたい動物の方はぜひご参加を。

桃太郎のLINE

📶 momomo 🌀　　　22:02　　　　🔒 86% 🔋

編集　　　　　**トーク**
　　　　　　　　▾

🔍 検索

猿@鬼退治　　　　　　　　　　22:02
お疲れ様です。明日の鬼ヶ島ですが船
で現地集合ということで。場所につ...

a.k.a ONI (赤鬼) 　　　21:57
こんばんは！鬼退治に来てるって
SNSで見たのですが本当ですか？？　　

桃太郎一行・連絡網(4)　　　　　20:03
それでは皆様、明日は鬼退治がんばり
ましょう！🍑

犬　　　　　　　　　　　　　　19:39
🐕🐕🐕🐕🐕🐕🐕 🐕🐕
🐕🐕🐕🐕🐕🐕🐕🐕

Kibidango Coffee公式　　　　18:20
【旅のお供に】いまならきびだんご
30%OFFクーポンをプレゼント中！

おじいさん(柴刈り中)　　　　　金曜日
どう元気？たまには連絡ください。

ホーム　　トーク　タイムライン　ニュース　金銀財宝

桃太郎

桃太郎がLINEをやっていたら。業務連絡をキッチリこ
なす猿の有能感。もちろん鬼の通知はオフで。

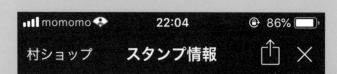

momo本舗 >

鬼退治に誘う用スタンプ

有効期間 - 鬼退治完了まで

D 5

保有ダンゴ: 0

| プレゼントする | お供する |

鬼を退治する時に使いやすいスタンプがついに登場！
これさえあれば団子なしでもお供連れ放題!!

スタンプをタップするとプレビューが表示されます。

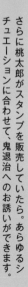

桃太郎

さらに桃太郎がスタンプを販売していたら。あらゆるシチュエーションに合わせて、鬼退治へのお誘いができます。

super-obaa-san　1時間前

川に洗濯に
来てます。

#モーニングルーティン
#家事
#おじいさんは柴刈り

メッセージを送信

桃太郎

おばあさんのインスタアカウント。モーニングルーティン
は川での洗濯で決まり。衣類を整えて心も整える。

super-obaa-san 1時間前 ✕

ヤバいww

めっちゃでかい

#桃

流れてきたんだけど

うっかり持っ
て帰ってきて
しまった。

#ハプニング
#どんぶらこどんぶらこ
#おじいさんサプライズ

 メッセージを送信 ･･･

桃太郎

流れてきた桃を拾って投稿するおばあさん。見たおじいさんも「待って、桃でかくて無理」とかリアクションしそう。

鬼退治に参加されたお客様の声

Otomo's Voice

信頼できるリーダーのもと、
活躍次第で宝を手にできる職場。

3歳

男性・オナガザル科

鬼退治に参加する前は、野山で果実等を食べて過ごしていました。鬼ヶ島では信頼できるリーダーのおかげで、無事に鬼退治を実現することができ、驚くほどの財宝を手にすることができました。報酬面だけでなく、やりがいも感じられる職場だと思います。思い切って鬼退治に参加して本当によかったと感じています。

〉 資料請求はこちらから！

鬼退治に参加されたお客様の声

Otomo's Voice

きびだんごを初めて食べた瞬間、
やるしかないって思えた。

4歳

男性・イヌ科

鬼退治やお供に興味はあったものの、参加しようかずっと迷っていました。そんな折、リーダーの方からいただいた「きびだんご」を食べてびっくり！　これまでの迷いがウソのように鬼退治への気持ちが高まりました。もし迷っている犬の方がいたら、騙されたと思ってまずはきびだんごを食べてみてほしいです(笑)

〉 資料請求はこちらから！

桃太郎

実際に鬼退治に参加されたお客様（動物）の声が集められていたら。先輩動物たちのリアルな声がここに。

鬼退治に参加されたお客様の声

Otomo's Voice

3歳

チームワークで達成した鬼退治、自分の可能性に気づけた。

男性・キジ科

飛ぶだけしかできない自分に鬼退治なんてできるのかな？ と最初は不安でいっぱいでした…。でも同じく鬼退治に参加されたメンバーと一緒に日々頑張るうちに、自然と業務の幅も広がりました。メンバーみんなのチームワークで達成した鬼退治、それが自分にとってなによりの財産になったと思います。

> 資料請求はこちらから！

桃太郎

きびだんごに何が入っているのかは気になるところ。資料請求したら、お試しセットでだんごがひとつ届きそうです。

南の島の桃太郎

@ スエヒロ

誰もが知っている桃太郎のお話。有名なお話だけに「柴刈りって何？ 儲かるの？」「きびだんごって日持ちする？」「桃太郎は人間の友達いなかったの？」などなど、噂ブログのような疑問や想像が多々湧いてきます。
たとえばもしもおばあさんが、流れてきた桃をスルーしたとすれば。

桃は川を流れやがて海に出て、南の島にたどり着き、南国で生まれた桃太郎は、ゴリラやコアラや九官鳥と一緒に、現地の悪霊を退治していたかもしれません。
お腰につけたココナッツ、ひとつ私にくださいな。

竜宮城から帰ってきた男

URASHIMA BOY

浦島太郎

浦島太郎とは……?

むかしむかし、あるところに浦島太郎という漁師がいました。ある日、太郎が浜辺を歩いていると子どもたちが亀をいじめていました。見かねた太郎は子どもたちを咎め、亀を助けます。数日後、太郎がまた浜辺へ行くと、先日助けた亀が現れ「お礼に竜宮城にお連れします」と太郎に言いました。亀の背に乗って竜宮城を訪れた太郎は、竜宮城の乙姫から歓迎を受け、幸せな時間を過ごします。やがてお土産に「開けてはならない」玉手箱をもらい浜辺に戻った太郎。しかしもはやそこには太郎を知るものはおらず、困り果て仕方なく玉手箱を開けてみると、中から煙がでてきて、太郎はまたたく間に老人になってしまいました。というお話。

はじめての竜宮城よくあるご質問(FAQ)

Q. 誰でも竜宮城に行けますか？

A. いいえ。竜宮城は招待制になっております。魚、亀などに対して救命・救助行為を実施いただいた方を対象にご招待をおこなっております。

Q. アクセス方法を教えてください

A. 亀です。救助いただいた亀、または送迎担当の亀がお迎えにあがります。お迎えにあがる場所は、救助いただいた浜辺となります。

Q. 竜宮城に行く日程は選べますか？

A. いいえ。日程を指定いただくことはできません。ご自身の招待日については、助けた亀までお問い合わせください。

Q. 滞在時間の目安はどれくらいですか？

A. ご自由にお決めいただけます。お好きな時間までご滞在いただけます。ただしお戻りの際の経過時間については責任を負いかねます。

Q. お土産は購入できますか？

A. いいえ。できません。竜宮城では、お土産の販売をおこなっておりませんが、お帰りの際に皆様にお土産をお持ちいただいております。(一人一箱まで)

※箱の中身についてや、開封後のお問い合わせについては一切受け付けておりません。

浦島太郎

はじめて竜宮城を訪れる方向けのFAQ集です。下部の注意書きもしっかり読んでから来場しましょう。

ıll KameU 🛜　　23:39　📶 @ ✈ 83% 🔋

< 　**ツイート**

🔁 乙姫@竜宮城 さんがリツイート

 浦島☆太郎　　　　　∨
@urashima-taroooo

先日、海岸で亀を助ける機会
があったのですが、けさ散歩
していたらその時の亀とばっ
たり再会。意気投合して、お
家にご招待いただき、お土産
までもらっちゃいました。中
身何なんだろう〜。

21:40 U10/10/7・Mukashitter web App

136件のリツイート　**482**件のいいね

💬　　🔁　　🐢　　📤

返信をツイート

　🔍　🔔　✉️

浦島太郎

竜宮城からの帰宅後のツイート。メンションが殺到し
そうですが、このあと更新はピタリと止まりそう。

‖KameU 🛜　　23:41　🎵 🔒 ✈ 82% ▭

恩返しする

浦島☆太郎
@urashima-taroooo

独身の漁業系男子。東のほうの浜辺で漁師やってます。困っている人を見つけたら、すぐ助けちゃったりするので正義感が強いタイプって言われます(笑)。毎朝、海岸を散歩するのが日課。やっちゃダメと言われると逆にやりたくなる性分です！海/釣り/人助け/動物好き/宴会/お酒 etc…

◎ 浜辺　🔗 https://bit.ly/2pB7Pm

🗓 65年前からMukashitterを利用しています

32 フォロー中　**3,628** フォロワー

フォローしている亀にフォロワーはいません

ツイート　　**ツイートと返信**　　メディア

浦島☆太郎 @urashima-taroooo
箱あけたらめっちゃ煙でてきたwwww

浦島太郎

浦島太郎のツイッターのプロフ欄。「やっちゃダメと言われるとやりたくなる性分」が命運を分けがち。

竜宮城お土産用

玉手箱 取扱説明書

TAMATE-BOX

来訪者向け

| 保管用 | 保証書付き |

品番 TB-20
OTOHIME MODEL

目次

解説DVD付き DVDは必ずこの取扱説明書とご一緒に保管してください。

- ●本製品を使用する前に、亀などを助ける必要があります。
- ●本製品を受取時に乙姫からの注意事項を必ずお聞きください。
- ●本製品をみだりに開封すると老ける場合がございます。

便利メモ

(受取時にご記入ください)

| | 年 月 日 |

亀を助けた日・場所

浦島 太郎 　　乙姫様から渡された玉手箱に取扱説明書が付いていた場合。
老けてしまう前に必ずお読みください。

玉手箱の取り扱いについて

目次

⚠危 険

むやみに箱を開封しない
玉手箱をむやみに開けると内容物が飛び出し、老化などを引き起こす可能性があります。乙姫からの指示に従ってご開封ください。

指示

浜辺で知り合いを探さない
竜宮城から浜辺にお戻りの際に、浜辺でご自身のお知り合いを探す行為はおやめください。まわりのお客様への迷惑となります。

禁止

亀などの生物をいじめない
浜辺や海上・海中などで亀、魚、貝などの海洋生物、ならびに珊瑚、昆布、わかめなどの水中植物へのいじめ行為は絶対におやめください。

禁止

浦島太郎　　さらに中身の目次ページ。浜辺などでの海洋生物へのいじめ行為は絶対におやめください。

もしも竜宮城にハッピーセット的なものがあった場合の
おもちゃ。「THEうみがめ」は本当に亀がもらえます。

浦島太郎

玉手箱譲渡契約書

浦島太郎（以下「甲」という）と竜宮城（以下「乙姫」という）とは、乙姫の玉手箱の譲渡につき次のとおり契約を締結する。

（目的・譲渡日）
第1条　乙姫は甲に対し、7月2日（以下「譲渡日」という）をもって、乙姫の所有する財産をお土産（以下「本お土産」という)として譲渡する。
　　2　甲と乙姫とは、手続の進行に応じて必要がある場合には、甲乙姫協議のうえ譲渡日を変更することができる。

（譲渡財産）
第2条　前条により譲渡すべき本お土産は、譲渡日現在の乙姫の事業に属する資産および負債とし、その内容は「玉手箱」とする。

（譲渡価額・支払方法）
第3条　本お土産の譲渡の対価は、無償とする。

（引渡時期）
第4条　本お土産の引渡時期は竜宮城退去日とする。ただし、法令上の制限、手続上の事由、甲による滞在の延長要請により必要あるときは甲乙姫協議のうえ、これを変更することができる。

（封入義務）
第5条　甲は、本契約にあたり得た本お土産を厳重に保持し、竜宮城退去後も、これらの開封を行わない。

　　本契約の成立を証するため本書2通を作成し、甲乙姫記名押印のうえ、各1通を保有する。

7月2日

甲　　　　　　　漁師
　　　　　　　　浦島太郎　㊞

乙　　　会社名　竜宮城
　　　　代表取締役　乙姫

浦島太郎

浦島太郎が玉手箱をもらう時に書かされそうな契約書。
第5条は守らないとやっぱり大変なことになります。

マサカリ担いだ相撲少年

GOLDEN BOY

金太郎

金太郎とは……？

むかしむかし、足柄山に金太郎という男の子が住んでいま
した。金太郎はとても力がつよく、いつも野山で動物たち
と元気に遊んでいました。ある時には、熊と相撲を取り、
勝ってしまうほど、金太郎は力持ちでした。ある日、金太郎
が熊の背に乗って山を歩いていると、谷の近くで動物たち
が谷を渡れずに困っていました。そこで金太郎は近くの大
きな木を体当たりで倒して、橋をかけてあげました。
そんなふうに、力持ちで優しい心も持った金太郎は、大き
くなると坂田金時と名乗り、立派なお侍さんの家来となっ
て活躍しました。というお話。

www.ashigaratube.old　　　🔄

▲ KINTAROチャンネル　　Q　⋮

KINTAROチャンネル

▲ チャンネル登録　チャンネル登録者数
1,981匹

ホーム　　　動画　　　再生リスト　　∨

アップロード動画

この熊→
ガチ相撲を
取ってみた
結果…
絶体絶命
02:12

【絶体絶命…】熊と
ガチで相撲を取って
みた結果
102万回視聴・2日前

男旅ツー
リング
熊さんと
行く
vol.3　10:01

【男旅ツーリング】
熊に乗って足柄山を
攻めてみた vol.3
92万回視聴・4日前

金太郎

金太郎がYouTubeに動画を投稿していた場合。
熊との相撲は、最後に友情が深まる神回。

金太郎のYouTubeチャンネル

www.ashigaratube.old　↻

 KINTAROチャンネル　　🔍　⋮

動物に人気の動画

【重大発表】みなさま
にお知らせすること
があります。

402万回視聴・1ヶ月前

酒呑童子さんと一緒
にお酒飲んでみた
(大江山編)

121万回視聴・10日前

【レビュー】金太郎が
オススメする最新ま
さかり紹介 vol.201

92万回視聴・3日前

山ぐらし男子(10)の
モーニングルーティ
ン

62万回視聴・6ヶ月前

金太郎

お酒を飲んだりまさかりレビューをしたり。重大発表はお
そらく「坂田金時に改名して都デビューします」的な内容。

Ashigarazon.co.old

【メンズ】前掛け・キッズ用(レッド・金印モデル・相撲可・水洗い可)

ashigara本舗 ✓*ShikaPrime*

★★★★☆ (8件のカスタマーレビュー)

1点在庫あり(入荷予定あり)
商品の開封後、または動物との取組後の返品はお断りさせていただきます。

カスタマーレビュー

レビュー対象商品: 【メンズ】前掛け・キッズ用(レッド・金印モデル・相撲可・水洗い可)

★★★★★ 「普段使いにもピッタリな一枚」

動きやすい前掛けを探していたのですが、どれもデザインがいまひとつ…。そんなときこちらの商品を見つけました。機能性・デザイン性ともバッチリで運動以外でも普段から使えるオールマイティな一枚！超オススメです！

by. 力持ちのK太郎　　　このレビューは参考になりましたか？ [はい] [いいえ]

★★★★☆ 「相撲取ったら負けそう(笑)」

動きやすさを重視した機能性前掛け。素材は類似商品と比べてもかなり丈夫なので◎。紐で留めるタイプなのでほどける心配は多少あるけど、相撲をよく取る人には丁度よさそう。一番取ったら負けそう(笑)。カラーは赤のみなので、カラバリが無い分だけ☆-1させてもらいました。

by. KUMA-3　　　このレビューは参考になりましたか？ [はい] [いいえ]

★☆☆☆☆ 「これってファッションなの？？？」

うーん…。正直、単体では服としての機能を果たしていないと思います。あくまで前掛けなのでこれのみで着る人なんているの？ほぼ裸じゃない？こういうのを着るタイプって平気で他人のことをぶん投げたりしそうな人が多い印象…。ファッションなのだとしても正直意味がわかりません…。

by. 酒呑☆童子　　　このレビューは参考になりましたか？ [はい] [いいえ]

よく一緒に購入されている商品

 +

軽量・万能まさかり Mサイズ (ウッド・ナチュラルカラー)携帯用 巾着袋セット付属

★★★★☆

(22件のカスタマーレビュー)

金太郎　　金太郎がいつも身につけているあの赤い腹掛けが通販で売っていたら。鹿プライムは飛び跳ねながら鹿がお届け。

HAPPY
NEW
YEAR!

長男

謹賀新年

我が家に新しい
家族が増えました。
今年もよろしく
おねがいします。

長男が生まれました。
今度連れていきますので
ぜひ一番お願いしますw

足柄山麓雑木林そば
熊

金太郎　　足柄山の熊から金太郎に年賀状が届いたとしたら。我が家に
　　　　　新しい家族が増えました（オス）。

郵便はがき

9 9 9 0 0 1 1

足柄山五丁目3ノ1
ハイツ足柄二〇二

年賀

金 太 郎 様

足柄山麓雑木林そば
熊

9 9 9 0 0 8 3

1211取組  天延4年 1234511

金 太 郎

いつもお世話になっているマサカリのあの人に感謝
のご挨拶。お年玉取り組みも付いています。

SUMO NIGHT Vol.12

@Mt. ashigara room

Once upon a time there was a boy who lived with animals on Mt. Ashigara

KINTAROU

KUMA
(from Ashigara)

TBA(MORE ANIMALS...)

主催 ASHIGARAFACTORY 協賛源頼光
https://bit.ly/2MxN3M8

金太郎

足柄山で開催されるイベントを告知するフライヤー。
汗飛び交う熱狂の相撲オールナイトイベント。

	かぐや姫を徹底追跡 天		瘤が取れるまで延長) N
00	土曜ドラマ・雀デカ「小さいほうのつづらを撃て!」出演・小すずめ	00	名探偵・鶴助けの翁君襖の向こうの謎を暴け
6:55	鬼ヶ島マップ◇柴刈り N	30	おむすびレストラン穴に落ちた絶品おむすび
00	学 竜宮城ニュース7きょうの海のニュースをお届け▽海亀の救出劇	00	学 天才!さるかにどうぶつ園さるとかにの対決で意外な結末?▽青い柿の有効活用法をご紹介▽蜂が飛び大混乱▽牛糞にスタジオ悲鳴 天 N
30	学 ブラ地蔵「雪深い東北を巡る恩返しの旅」一人笠を売り歩いた翁の足跡を辿る▽地蔵も驚いた恩返しの方法	58	学 世界一受けたい花咲かじいさんの授業幸運をゲットするための翁式思考法▽桜を咲かせる「奇跡の灰」とは◇
8:15	ドラマ8 和尚とたぬきの不思議な茶釜物語遂に正体暴かれる N	55	足柄山の季節の風
00	学 MUKASHIスペシャル泥舟に乗った狸の悲劇なぜカチカチ山の狸は泥舟に乗ってしまったのか?◇うさぎの証言を基に徹底検証 天 N	00	学 桃にしやがれ桃太郎が様々な鬼退治にチャレンジ▽お宝を奪え!赤鬼青鬼ビンゴ▽サルと犬がまさかの大喧嘩?!スタジオ騒然 天 N
55	学 サタデー恩返しSP	00	学 三年寝太郎の事件簿

昔話の世界のテレビ欄

おまけ

昔話の世界にテレビがあった場合のテレビ欄。『ブラ地蔵』はサングラスの翁が楽しく解説してくれます。

日本の舞

●一寸法師●カチカチ山●鶴の恩返し●花咲かじいさん●こぶとりじいさん●笠地蔵

昔話台裏

- 天狗の隠れ蓑
- 三年寝太郎 ●
- わらしべ長者 ● さ
- るかに合戦

2

愛車のお椀で乗り付けて

ONE INCH BOY

一寸法師

一寸法師とは……？

むかしむかし、あるところに夫婦がいました。ある日、夫婦のもとに男の子が生まれましたが、男の子の大きさはたった一寸しかなく、夫婦は一寸法師と名付けました。

成長した一寸法師は、立派な武士になるために村を出て京の都に向かいました。針の刀と、お椀の船、お箸の櫂で京に辿り着いた一寸法師は、大臣のもとに仕えることになり、大臣の娘をさらいに来た鬼を見事に退治してみせます。そして鬼が忘れていった打出の小槌を振るうと、一寸法師の体は大きくなりました。

その後、一寸法師は、大臣の娘と結婚していつまでも幸せに暮らしました。というお話。

履歴書

1486 年 12月 1日現在

ふりがな	いっすんぼうし
氏名	**一 寸 法 師**

1460年 11月 2 日生（満26歳） ※ 男・女

ふりがな	さんじょうぼうもんみなみたかくらひがし
現住所	〒 京三条坊門南高倉東一町2 みやびハイツ201

電話・メールアドレス
issun-boshi@kyo-mail.old

ふりがな	せっつこくなんばのさと
連絡先	〒 （現住所以外に連絡を希望する場合のみ記入） 摂津国難波の里 1丁目12番5号

電話・メールアドレス
実家に電話は
ありません

年	月	学歴・職歴（各別にまとめて書く）
		学歴
1473	3	摂津国難波の里 三本杉第二小学校卒業
1476	3	摂津国難波の里 三本杉中学校卒業
1476	4	私立 なんば南高等学校 入学
1479	3	私立 なんば南高等学校 卒業
		職歴
1479	4	京宰相 三条家来センター 春姫サポート部 入社
1482	12	同部 清水寺参拝チーム リーダー 就任
		以上

志望の動機・特技・趣味・アピールポイントなど	お椀での通勤時間
短所に思われがちですが体が小さいことを逆に活かして、鬼などを退治することが得意です。打出の小槌を手に入れることが夢なのです。やる気だけは誰にも負けない自信があります。特技はお椀に乗って水に浮かぶことができることです。	約 4 時間30 分

所有する針の数

1 本

鬼退治経験	お爺・婆さん扶養義務
※ 有・無	※ 有・無

◀ 一寸法師

一寸法師が転職する際に面接に持ってくる履歴書。通勤時間は実家からお椀移動での所要時間。都、遠いなー。

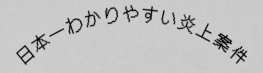

TICK-TICK MOUNTAIN

カチカチ山

カチカチ山とは……？

むかしむかし、あるところにおじいさんとおばあさんがい
ました。おじいさんの耕す畑には、いつもいたずらをする
タヌキがいました。ある日、とうとうタヌキはおじいさん
の罠に捕まって家に連れていかれてしまいました。ところ
がタヌキはおばあさんを言いくるめてまんまと罠から抜け
出し、おばあさんを殺してしまいます。悲しむおじいさん
を見かねたウサギが、タヌキを懲らしめることに。ウサギは、
タヌキに薪を背負わせて、カチカチと火打ち石で火を着け
たり、やけどに唐辛子を塗ったり、最後にはタヌキを泥舟
に乗せて、溺れさせてしまいました。というお話。

‹　　　　　ツイート

たぬき☆ハッピー獣ライフ！🐾　　　⌄
@tanuki-happy

この間、近所の畑を荒らしてた
らうっかり罠にかかってしまっ
た…。腹が立ったのでそこの家
にガッツリ仕返しして多少スッ
キリ。それ聞いた友達の兎さん
がクルージングに誘ってくれた
♬楽しみ！リフレッシュする〜

12月21日 22:21

8322件のリツイート　**12549**件のいいね

◯　　⇅　　♡　　↑

うさ(Usagi)@rabbit... ・1時間前
返信先: @tanuki-happyさん
めっちゃバズってるwww有名獣じゃん
www クルージング楽しみっすね！いい感
じの舟、用意してますっ！！！

◯　　⇅77　　♡249　　↑

カチカチ山

カチカチ山のタヌキのツイート。ネット的にも、背中の薪的にも炎上してしまうツイート。

いいか？絶対にのぞくなよ？

RETURN FROM
〝TSURU〞

鶴の恩返し

鶴の恩返しとは……？

むかしむかし、あるところにおじいさんとおばあさんがいました。ある日おじいさんは、罠にかかった一羽の鶴を助けました。それからしばらく経った頃、おじいさんの家をひとりの女性が訪ねてきて、女性はそのまま一緒に暮らすことになります。女性は「部屋の中を決してのぞかないでください」といい、ひとり部屋にこもって機を織り始め、その反物は町で高く売れました。しかしある日、おじいさんは約束を破り部屋の中をのぞいてしまいます。そこには助けた鶴が自分の羽根で機を織る姿がありました。秘密を知られてしまった鶴は、おじいさんとおばあさんの家を去って、遠くの空に飛んでいってしまいました。というお話。

当たり ご恩無料引換券

本券を鶴スタッフにお渡しください。ご恩のお返しとして該当の商品を無料でさしあげます。

反物
(鶴・ホワイト)

タツノコク-ネノコク標準価格
900文(税込**910文**)

引換有効期限: 享保**6**年**2**月**12**日(月)

地域によって取り扱いのない場合、及び価格が異
なる場合もございます。ご容赦ください。
※鶴をお助けでない方は本券のご利用は出来ません。
※部屋をお覗きになられた場合、本券は無効となります。

●本券は日本全国のタツノコク-ネノコクでご使用になれます。●本券を紛
失されますと無効になりますのでご注意ください。

鶴スタンプ押印欄

1 234567 789125

鶴 の 恩 返 し

雪山で鶴を助けた後、訪ねてきた女の人がそっと手渡して
くれそうなクーポン。部屋をのぞくと無効になります。

アンケートハガキ

とり
料金後納
郵便

鶴の恩返し・お客様アンケート課

鶴 行

誠に恐れ入りますが、以下の項目をご記入の上、ご送付ください。

ご住所 〒　　　　-	
フリガナ	性別
お名前	男性・女性

ご職業
農家・商人・城勤め・主婦・家事手伝い・その他

鶴を助けた場所

鶴を助けた日時
年　　　　月　　　　日　　　　時頃〜

裏面にあるアンケート項目をご確認の上、ご記入ください。

鶴 の 恩 返 し　　鶴からの恩返しを一通り受けた後にスタッフの鶴から渡されそうなアンケートハガキ。鶴の巣にご投函ください。

鶴から恩返しされたお客様へ

平素は格別のご高配を賜り、厚く御礼申し上げます。
先日実施いたしました、鶴の恩返しにつきまして、今
後のよりよいサービス提供・よりよい恩返しを実現す
るために、大変お手数ですがお客様の声を是非お聞か
せください。

TNO(TsuruNoOngaeshi)
代表・鶴

①当日の恩返しについてお聞かせください。
◆担当鶴の対応について　………　大変満足・満足・ふつう・不満・大変不満
◆恩返しの内容について　………　大変満足・満足・ふつう・不満・大変不満
◆機織の作業音について　………　小さかった・どちらとも言えない・大きかった
◆鶴の正体について　………　すぐ気づいた・途中で気づいた・気づかなかった
◆鶴の部屋について　………　すぐ覗いた・途中で覗いた・覗かなかった

②恩返しで欲しい物をお選びください。※複数回答可
□反物 □衣類 □フード □スイーツ □酒類 □旅行 □イベント招待
□健康グッズ □家具 □現金 □なんでもよい □なにも要らない

③その他、恩返し・鶴についてご感想をお聞かせください。

ご協力誠にありがとうございました。
今後とも鶴をよろしくお願いいたします。

鶴の恩返し

当日の恩返し内容を評価して記入できます。もう少し正体をうまく隠してほしかった方はぜひご記入を。

男気あふれる鶴の恩返し　　　スエヒロ

鶴の恩返しで、おじいさんの家にやってくる美しい女性。雪深い中をひとり歩いてくる姿を思い浮かべると「寒そう」「風邪ひきそう」「あったかいコーヒーあげたい」と感じてしまいますが、これがもし「雄の鶴」を助けていたとしたら、もちろん男性が恩返しにやってくるわけですから、半袖のムキムキマッチョなお兄さんが、雪の中を元気に走ってくる鶴の恩返しもありえるわけです。
こっちも「風邪ひきそう」なのは同じなのですが。障子の向こうで筋トレやってそう。お兄さん。

マジカルフラワーおじいさん

UNCLE FLOWER

花咲かじいさん

花咲かじいさんとは……？

むかしむかし、おじいさんが飼っている犬が吠えるので、地面を掘ってみたところ、小判がざくざくと出てきました。それを見た隣の欲張りじいさんも、犬が吠えた場所を掘ってみましたが、出てくるのはゴミばかり。怒った欲張りじいさんは、犬を殺してしまいます。悲しんだおじいさんがお墓をつくって埋めてやると、そこから大きな木が生えました。おじいさんは犬の形見にと、その木を臼にすると、それはつくと小判が増える不思議な臼になりました。それを見た欲張りじいさんもその臼をついてみましたが、出てくるのはゴミばかり。怒った欲張りじいさんは臼を燃やしてしまいます。おじいさんは悲しみましたが、その灰を枯れ木にまくと見事な花が咲きました。というお話。

花咲かじいさん

花咲かじいさんがインスタグラムをやっていた場合。むしろ犬のほうが有能すぎて、人気がでそう。

happy-g-san　1時間前　✕

隣の老夫婦の数々の迷惑行為について。
ポチの件、臼の件、それ以外にも様々な迷惑行為が行われています。本当に困っています。もう我々夫婦も我慢の限界にきています。
お上の裁きも検討しています。

 メッセージを送信

花咲かじいさん

急に深刻なトーンでの投稿に「いますぐお上に通報しましょう」「地主に相談してみては」の声多数。

happy-g-san　1時間前

枯れ木に花が
咲きました。
ポチ、ありがとう。
@pochi

#R.I.P.POCHI
#満開
#CherryBlossoms

メッセージを送信　…

花咲かじいさん

最後は満開の桜に、フォロワーも涙。おじいさんもお殿様に褒められて、よかったね…（;_;）。

犬貸出命令最終通告書

訴訟管理番号 (そ) 182-INU

本通達は、貴殿の所有する犬に対し、同村内所在の企業・団体・個人からの貸出要求への強制指示を通達し、本通達後記載の期日までに必ず近隣者の要求に沿って、同犬の貸出を行うことを命令する最終の通知です。

本通達に対して、犬の貸出が行われない場合、またはこのままご連絡なき場合、近隣者の主張が全面的に受理され、村の主の許可を得た村内関係者の立会のもと、犬のほか家屋・土地などが強制的に差し押さえられる可能性があります。

本件は個人情報の保護や守秘義務が発生するため、お問い合わせは必ずお爺・お婆さんのいずれかご本人様からご連絡いただきます様、お願い申し上げます。

訴訟取り下げ最終期日　　5月11日

犬訴訟通知センター お問い合わせ・相談窓口
04-22211-19311
＊＊＊＊＊＊＊＊＊＊＊＊＊＊＊＊＊＊＊
受付時間 (土曜・日曜・祝日除く)
平日9:00〜17:00 (窓口不在の場合あり)
三本杉村 東はずれ12-1

花咲かじいさん

花咲かじいさんの家に届くどう見ても詐欺っぽいハガキ。まずは最寄りのおばあさんにも相談してみよう！

情報保護シール

目隠し犬ラベル

ここから剥がしてください

花咲かじいさん

ペリペリ剥がす保護シールがついているような手のこんだケースも。柄が犬だけどサギ。

"小太り"じゃないからね

UNCLE KOBUTORI

こぶとり じいさん

こぶとりじいさんとは……？

むかしむかし、あるところに右の頬にこぶがあるおじいさんがいました。ある日おじいさんは、鬼たちの宴会に出くわします。そこでおじいさんが上手な踊りを披露したところ、鬼たちはたいそう喜び、明日もやってくるよういいました。そして鬼は、「明日も来れば返してやる」とおじいさんのこぶをとってしまいます。村に帰ったおじいさんは、左の頬にこぶがあるおじいさんにこの話をしました。そこで左の頬にこぶがあるおじいさんもこぶをとってもらおうと、鬼の宴会へ。ところがおじいさんの踊りは下手だったので、鬼たちは「帰れ帰れ」と最初のおじいさんのこぶを返してしまいます。そうして左の頬にこぶがあったおじいさんは、両方の頬にこぶができてしまいました。というお話。

おに総合クリニック 問診票

記入日 **849**年 **11**月 **12**日

ふりがな
お名前: **こぶの翁**（おきな）　　性別（男）・女）

生年月日: **794**年 **1**月 **22**日　年齢:(満 **55**才) 体温:**36.5**℃

住所: **赤鬼山東の里1-11**　身長:**165**cm 体重:**61**kg

職業: **農民**　　E-mail: **kobu-tory@akaoni.old**

以下の項目について、○で囲むもしくはご記入ください。

■受診希望科 （ 鬼内科 ・ 鬼外科 （鬼整形外科） ）

■症状はいつからですか？ **ずいぶん前**　頃から

■どのような症状ですか？(具体的に)

右頬です

症状がある箇所に○をつけてください

**みぎのほほに大きなコブが
あり困っています。
痛みはありません。
できればコブを取りたい
です。**

■上記の症状で他の鬼病院を受診されましたか？ （ はい ・ （いいえ） ）

■現在治療中の病気がありますか？ （ （はい） いいえ ）

はいの場合 病名・症状　**慢性的な腰痛**

■現在飲まれているお薬はありますか？ （ はい （いいえ） ）

■今までアレルギーといわれたことがありますか？ （ （はい） いいえ ）

はいの場合 アレルギー対象　**花粉**

■畑仕事 （する） しない　1日 **6** 時間程度

■酒 （飲む） 飲まない　毎日・週（ **7** ）回 / お酒の種類: **日本酒**

■当院をお知りになったきっかけ:
□チラシ □ウェブ広告 □検索 ☑TVCM □口コミ □その他

こぶとりじいさん

こぶとりじいさんがこぶに困って病院を訪ねた時の問診票。当院は鬼がやさしく診療します。

体も硬く、義理堅いヤツら

UMBRELLA JIZO

笠地蔵

笠地蔵とは……？

むかしむかし、あるところに貧しいおじいさんとおばあさんがいました。おじいさんは町で笠を売っていましたが、なかなか売れません。ある雪の日の帰り道、七体のお地蔵様を見かけたおじいさんは、頭に笠をかけてあげます。ひとつ足りなかった分は、自分の手ぬぐいを巻いてあげました。その日の夜、おじいさんとおばあさんが寝ていると、家の前に物を置く音がしました。扉をあけてみると、そこには米俵や餅や財宝が置かれていました。そして遠くのほうに、雪の中を歩いていく笠と手ぬぐいをかぶった、七体の地蔵の後ろ姿が見えました。というお話。

お地蔵 さんは他6体のお地蔵さんと一緒です。
12月25日 14:22・村外れ

【拡散希望】先日の大雪が降った日、いつものように7体で並んで立っていたところ、初老の男性がやってきて持っていた笠をかぶせてくださいました。笠が6つしかなかったので、足りなかった分(私の分)は、わざわざご自身がかぶられていた手ぬぐいを、かぶせてくださいました。

ものすごく冷え込んだ日でしたので、地蔵7体揃ってとても暖かく過ごせました。その男性のかたは足早にその場を去られてしまったので、ぜひお礼をお伝えしたいと思っています。

・初老の男性
・笠の販売業をされている?
・12月24日 酉の刻あたりにやってこられた

もしご存知であれば、ぜひお知らせいただけますでしょうか? 米俵や金品のお礼をお持ちさせていただければと思います。

👍 いいね! 　💬 コメントする 　➤ シェアする

👍❤️😮 三本松の田吾作、町娘の八千代さん、他43人

 一本杉の八兵衛 すごくいい話ですね〜。シェアさせていただきます。
いいね!・返信・👍1・12月25日 15:31

 三番目の地蔵 私も現場にいましたが、感動的なシーンでした。
皆様、ぜひシェアのほう宜しくおねがいします!
いいね!・返信・12月25日 16:02

 コメントする... 　　　　　　　　　　

笠地蔵

笠地蔵がFacebookをやっていた場合。先日あった
ありがたい話、シェアさせていただきます。

文治5年 2月12日

重　要

○

陸 奥 国 岩 手 郡 1 - 2 3 - 1

○

○　　　　お　爺　様

○

笠のお礼に関する大切なお知らせ

※ご提供いただきましたご恩のお返しに関する
大切なお知らせです。お受け取りになったあと
必ずご開封の上、内容をご確認ください。

第　1 2 3 3 1 7 3 1 1 2 1 4　号　文 治 5 年 2 月 9 日

陸 奥 国 岩 手 郡　里 山 そ ば　「七 地 蔵」　代 表

地　蔵

このハガキは三つ折です。①②をそれぞれ指定の矢印の方向に
ゆっくりとひらいてお読みください。①が最初のページです。

②　　　　　　　　　　　　　　　　　　　　　　　　①

笠 地 蔵　　　　地蔵に笠をかぶせてあげたおじいさんの家に届くはがき。
　　　　　　　　　恩返し前に必ずお読みください。

ご恩の詳細

※以下の内容に誤りがないかご確認ください。

ご恩対象者	お爺様
ご恩日時	文治4年12月24日
提供地蔵	里山近くの地蔵(7体)
ご提供品内訳	笠 6ヶ 手ぬぐい 1ヶ

お返し品の内容

お返し日	文治5年2月14日 (配送時間・深夜)
お返し品目	米俵(2ヶ)・餅(10kg) 野菜詰め合わせ(2パック) 魚(塩鮭2kg)・小判 10枚
配送方法	軒先宅配
配送種類	地蔵便(地蔵による直接配送)
＊ ＊ ＊ ＊	＊ ＊ ＊ ＊ ＊ ＊ ＊ ＊ ＊ ＊ ＊

※ご配送時、在宅状況や時間にかかわらず軒先に品を設置させていただきます。

陸奥国岩手郡 里山そば 「七地蔵」代表

地蔵

笠 地 蔵

恩返しの内容はこちら。軒先宅配なので不在時でも七体の
お地蔵様スタッフがきちんと家にお届けいたします。

下駄を履いた赤鼻のオッサン

TENGU'S
HIDDEN-CAPE

天狗の隠れ蓑

天狗の隠れ蓑とは……？

むかしむかし、あるところに彦一という男がいました。彦一は天狗が身につけている、姿を消すことができる「隠れ蓑」を手に入れようと、ただの竹筒を「なんでも見ることができる望遠鏡」だと言って天狗を騙して、天狗の隠れ蓑と交換します。天狗が竹筒を覗いている間に、彦一は隠れ蓑を着てまんまと逃げ出します。彦一は隠れ蓑を使って、ただで酒を飲むなど悪さを働きますが、うっかり隠れ蓑を燃やされてしまいました。燃えかすの灰を体に塗ってなんとか姿を隠す彦一ですが、最後は川に落ちて灰が流れ、裸の姿になってみんなに笑われました。というお話。

明日からストリートでろくろ首女子を振り返らせる!!
爽やかめ&軽やかめ&怖め「妖怪・春コーデ」解説

YOKAI'S NON-NO

ヨウカイズノンノ

この春、天狗になっちゃおう!

4
卯月 UZUKI

百鬼夜行もバッチリ!
今知りたい"妖怪小物"

杖・下駄・扇・頭巾
蓑・笠・着物・袈裟
etc..

高身長メンズ妖怪だっておしゃれ!
僕らのだいだらぼっちコーデ

スペシャルサイレント対談
のっぺらぼう x サトリ

好評連載!ぬらりひょん先生の
「総大将おしゃれ日記」

特別付録①
雨の日もGOOD!
メンズからかさ小僧
ブラウンモデル・下駄付き

特別付録②
はじめてのお盆BOOK

特集・天狗の隠れ蓑コーデAtoZ
cover & close-up
天 狗

幸せになる!座敷わらし"ラッキー"コーデ
蓑&赤前掛け最強コンボで重く決める!
最強!「子泣き爺コーデ」
ウキウキザクザク!川辺でばっちり映える「小豆洗いスタイル」
首元ワンポイント・一反木綿の軽やかストール着こなしテク

天 狗 の 隠 れ 蓑

天狗やら子泣き爺やら向けのファッション雑誌があった場合の表紙。隠れ蓑コーデは、読者にも見えない。

ただ寝てただけじゃないんです

BOY SLEEPING
FOR 3YEARS

三年寝太郎

三年寝太郎とは……？

むかしむかし、あるところに若い男がいました。男は三年
ものあいだ、働きもせず、いつも家で寝て過ごしていたので、
村の人々からは疎まれていました。ところが、村が干ばつ
に苦しんでいるある日、寝てばかりだった男は急に起き出
して山に登ったかと思うと、山頂から岩を転がし落とした
のです。その岩は山を転がり続け、最後には川をせき止め
てくれました。おかげで村には水が流れ込み、干ばつから
救われることとなりました。

男は三年のあいだ、ただ寝ていただけではなく、寝ながら
「どうすれば干ばつから村を救うことができるか」を考え続
けていたのでした。というお話。

考えながら寝続けた三年間

この人、この転機

山陽小野田在住
三年寝太郎さん(32)

1546年、山陽小野田に生まれる。家業である農業を手伝いながら独学で灌漑などの研究を寝つつ開始。昨年、小野田の山から巨石を転がし川をせき止め、田畑に水を導く「小野田巨石プロジェクト」を主導し、小野田の灌漑事業において大きな役割を果たす。現在も日中は大部分を寝ながら過ごす毎日を送る。

昨年の五月、山陽小野田における灌漑事業で大きな役割を果たした三年寝太郎さん。現在は同村で若者に灌漑の基礎を教えるなどをして毎日を過ごしている。「当時は寝てばかりの私に対して、良い印象を持っていなかった村人も少なくはなかった」と語る寝太郎さん。昨年の灌漑事業がスタートするまでは、三年にわたって自室に籠もって寝ながらアイデアを練っていたといいます。

しかし、寝ながらアイデアを練るという姿勢に反発も多かった。「働いていないと思われ辛かった」と寝太郎さんは当時を振り返ります。しかし、寝太郎さんが三年間の検討を経て実施した巨石プロジェクトは見事成功。寝太郎さんは、村内だけでなく近隣の村々でも高い評価を得ました。「三年間寝続けた苦労が報われましたし、これからも頑張って寝ていきたい」と笑顔で語りました。

三年寝太郎

三年寝太郎のインタビューが新聞に掲載されていた場合。
今では複数のビジネスをこなされながら寝られています。

元祖・サクセスストーリー

STRAW RICH MAN

わらしべ長者

わらしべ長者とは……？

むかしむかし、あるところに貧乏な男がいました。男は観音様に「お金持ちにしてほしい」と願ったところ、「はじめて触れたものを大切にしなさい」というお告げを受けました。そうして寺から出た男は、うっかりつまずいて転んでしまい、その時、手に一本のわらしべが触れました。男はお告げに従ってわらしべを持って歩き始め、飛んでいた虻をわらしべに結びます。するとそのわらしべを蜜柑と交換することができ、蜜柑は反物に、反物は馬にと、どんどん交換できました。最後は馬と立派なお屋敷を交換することができ、男は裕福な暮らしを手に入れました。というお話。

MKS
MUKASHI 新書

成功は交換が9割。

たった一本のワラから始める
物々交換テクニック

著・わらしべの翁

warashibe no okina

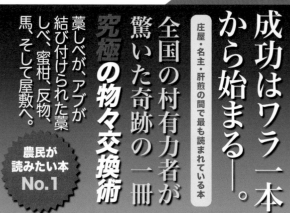

成功はワラ一本から始まる——。

庄屋・名主・肝煎の間で最も読まれている本

全国の村有力者が驚いた奇跡の一冊

究極の物々交換術

藁しべが、アブが結び付けられた藁しべ、蜜柑、反物、馬、そして屋敷へ。

農民が
読みたい本
No.1

わらしべ長者

わらしべ長者がビジネス書を出版していた場合の表紙。
この一冊であなたも明日から屋敷が持てる！

友情パワーで恨みを晴らせ

MONKEY×CRAB
BATTLE

さるかに合戦

さるかに合戦とは……？

むかしむかし、あるところに蟹がいました。蟹がおむすび
を持っていたところ、それを見た猿が柿の種との交換をね
だります。蟹は最初、嫌がったものの結局は交換に応じま
した。蟹がその種を植えると、やがて木になり柿が生りま
した。それを見た猿が「柿をとってやる」と申し出ます。猿
は木に登って柿を食べ、一方蟹にはまだ硬い青い柿を投げ
つけ、蟹は死んでしまいます。子蟹は猿に対して大変怒り、
栗と臼と蜂と牛の糞の協力を得て、猿への復讐を計画しま
す。猿が囲炉裏に近づくと栗がはじけ、水桶を取れば蜂が
刺し、逃げようとすれば牛の糞で滑って転び、最後は屋根
の上から臼が落ちてきて、猿を退治しました。というお話。

さるかに合戦

さるかに合戦がイベント告知風のポスターだった場合。
おにぎりと柿の種の交換イベントは物議を醸しそう。

Saru & Kani
KakiLatte

unripe
KAKI LATTE
未熟柿ラテ

ripe
KAKI LATTE
完熟柿ラテ

Saru!

COMING SOON!

Kani!

サル＆カニがチョイスした季節感たっぷりの
完熟＆未熟の柿ラテが登場!!
おにぎりなどの食事のあとにもぴったりなフルーティーなラテ。
思わず奪い合いになること間違いなしの一品がこの秋登場です！

STAR USU

さるかに合戦　さるかに合戦の世界にスタバ的なコーヒー屋があった
場合。完熟はサル、未熟はカニの方にお勧めの一品。

イカロスの翼回収のお知らせ

おまけ

イカロスの翼の不具合を知らせる封書。ちなみに
大工・ダイダロスはイカロスの父。家庭内お詫び。

世界の姫の事情

三大恋愛

- シンデレラ
- 白雪姫
- かぐや姫

3

片方の靴で階段ダッシュ

CENDRILLON

シンデレラ

シンデレラとは……？

むかしむかし、あるところにシンデレラという娘がいました。ある日、城で舞踏会が開かれることになりましたが、シンデレラにはドレスがありません。でも、魔法使いのおかげでドレスやガラスの靴を手に入れ、シンデレラは舞踏会へ。そこで王子に見初められたシンデレラですが、０時の鐘で魔法が解けてしまうので、急いで城を去ります。その時ガラスの靴を片方落としたシンデレラ。王子はそのガラスの靴を手がかりにシンデレラを探します。ようやくシンデレラのもとに王子がやってきた時、その足はガラスの靴にぴったりと合い、二人は再会することができました。その後二人は結婚し末永く幸せに暮らしました。というお話。

●●●●○ majomo　　12:13　　📞 🔋 ⚡ 97% 🔋

編集　　　　　トーク　　　　　✏️

三姉妹グループ(3)　　　　12:12
ニュース見た?ガラスの靴やば
いwサイズいくつなんだろう… **①**

「かぼちゃの馬車本舗」公式　12:10
ご利用、ありがとうございまし
た。次回ご利用できるクーポ…

王子@お城ぐらし　　　　12:10
昨日はありがとうございまし
た。突然お帰りになられた… **①**

BTK NEWS
舞踏会ニュース　　　　11:58
可愛すぎる!城の舞踏会にや
ってきた謎の美女が話題に…

継母 🔇　　　　　　　水曜日
掃除終わった?ちょっとおつ
かい頼みたいのだけれど。 **㉑**

魔法使い　　　　　　火曜日
あと一点だけ注意なのですが、
0時になったら魔法が解ける…

ねずみ相談(3)　　　　土曜日

　👥　　💬**23**　　（｜）　　○○○
友だち　　トーク　　タイムライン　その他

シンデレラ

シンデレラがスマホでLINEをやっていた場合のトーク一覧画面。継母からの連投はそっ閉じで。

シンデレラに届く
舞踏会の招待状(結婚式風)

御案内

謹啓　爽秋の候
皆様にはますますご清祥のこととお慶び申し上げます。
この度、弊お城におきまして、舞踏会を催させていただ
くこととあいなりました。

つきましては、日頃お世話になっております皆様ならび
に近隣の姫君様に、ぜひご出席いただきたく存じます。
ご多用中誠に恐縮でございますが何卒、ご出席賜ります
ようご案内申し上げます。

謹　白

9月吉日 ノイシュヴァンシュタイン城・城主
プリンス・チャーミング

記

日　時　　9月15日(日曜日)

舞踏開始　午後7時30分〜

場　所　　ノイシュヴァンシュタイン城
　　　　　白馬の間

お手数ながら、ご都合の程を9月5日迄にご一報賜りますようお願い申し上げます

シンデレラ　　　　お城から届く舞踏会の招待状が結婚式風だったら。
　　　　　　　　　引き出物には、王家御用達のカタログギフト。

喜んで 御(出席) させていただきます。

御欠席

（どちらかを◯でお囲みください）

ご招待ありがとうございます。

当日楽しみにしております。

舞踏会へのご参加

第一部のみ
第二部まで（午前零時）

（どちらかを◯でお囲みください）

御芳名　シンデレラ

ば来城　馬・(馬車)・徒歩

（◯でお囲みください）

かぼちゃ の馬車で
お伺いします。

シンデレラ

舞踏会への参加のための返信用ハガキ。二次会での
お忘れ物にご注意ください。特に靴とか。

ご利用明細書　【１０月６日分】

本明細は締切日までに当社魔法使いにて確認できた利用分を記載しております。

お支払日	１０月６日
ご請求金額	銀貨 1,030枚
お支払期限	0時(鐘まで)

お指定支払口座	金融機関名	森中MAJO銀行
	科目・口座	東の森はずれ支店
	口座名義	シンデレラ

ご入金は余裕をもって鐘のなる前(お城・0時の鐘準拠)までにお願いいたします。

ご利用カード	継母家族会員カード
会員コード	CNDRLL-10201

●ご利用可能銀貨の枚数については各魔法使い店舗までお問い合わせください。
●住所・振替口座の変更については当社HPからご変更ください。
●魔法の解除時におけるトラブルについては当社では一切保証いたしかねます。
●余裕をもった時間でご利用ください。

＊＊＊＊今月のご利用明細＊＊＊＊

ご利用日	ご利用明細	ご利用金額	備考
9月10日	魔法のお掃除ほうき	銀貨 30枚	
	MAHOZON.CO.OLD		定期お得
9月11日	ガラスの靴専門「プリンセス」	銀貨 340枚	
	ガラスの靴 23.5cm 1足		
9月11日	魔法使いのお店屋さん	銀貨 310枚	
	ドレス一式 レンタル		
9月11日	NEZUMIMO オートチャージ	銀貨 50枚	
9月14日	チケットおしろ	銀貨 220枚	
	舞踏会／参加チケット料金		
9月14日	中世電力 料金	銀貨 40枚	ろうそく/油
9月15日	pumpkinuber	銀貨 10枚	
	かぼちゃの馬車 配車料金		
9月17日	TAEGAMIMO ギガプラン料金	銀貨 30枚	
＊＊＊＊＊	＊＊＊＊＊＊＊＊＊＊＊＊＊＊＊＊＊	＊＊＊＊＊＊＊＊＊＊＊＊	＊＊＊＊＊＊
＊＊＊＊＊	＊＊＊＊＊＊＊＊＊＊＊＊＊＊＊＊＊	＊＊＊＊＊＊＊＊＊＊＊＊	＊＊＊＊＊＊
＊＊＊＊＊	＊＊＊＊＊＊＊＊＊＊＊＊＊＊＊＊＊	＊＊＊＊＊＊＊＊＊＊＊＊	＊＊＊＊＊＊

シンデレラ

シンデレラがクレジットカードを持っていた場合の明細書。
ガラスの靴レンタルはそれなりにお高いですね。

.ıll grimmo 🛜　　20:39　　👑 @ ⚡ 83% 🔋

‹　　　　**ツイート**

王子@白馬乗ってます　　　∨
@prince-charming

【拡散希望】某所で王子をやって
いるものですが、舞踏会で写真の
靴を落とされた方を探してます！
ご存知の方はリプお願いします！

09/29 5:32

9821件のリツイート **12033**件のいいね

ull grimmo 🛜　　21:42　　👑 ⓒ ✳ 80% 🔋

< **ツイート**

王子@白馬乗ってます @pri... 1分　∨
返信先: @prince-charmingさん
情報が少ないとリプをいただいたので、
少し追記します。

①落とされたのは中肉中背の女性の方
②年齢はおそらく20歳前後
③靴はガラス製(片方のみ)
④サイズは22cm前後(たぶん)

舞踏会の最中は楽しく会話させていただ
いていたのですが、0時前に突然慌てて
帰宅されました。
靴はその際に落とされたものです。なに
とぞよろしくおねがいします!

💬　　⟲ 32　　♡ 112　　⬆

通りすがりの魔法使い @maho... 2分　∨
返信先: @prince-charmingさん
FF外から失礼します。
おそらくそれでは見つからないと思いま
すので、拾ったガラスの靴を、名乗り出
た方に履いてもらって、サイズがぴった
りなら当人、というような方法を取られ
たらいかがでしょうか?

💬　　⟲ 102　　♡ 241　　⬆

返信をツイート

　　　　🔟　　

靴の詳しい情報はこちら。FF外(フォロー・フォロワーの関係性外)から魔法使いが好アドバイス。

シンデレラ

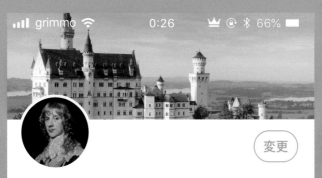

.ıll grimmo 0:26 ♛ ⊚ ✳ 66% 🔋

変更

王子@白馬乗ってます

@prince-charming

とあるお城で王子やってます。王子仲間や貴族メンバーと定期的に舞踏会とかイベやってます。まわりからはチャーミングってよく言われます(笑)

PRINCE / DANCE / 白馬 / 城住み / 白タイツ /
結婚願望あり / 追われるより追いかけたいタイプ
etc...

イベのお問い合わせはこちらまで
↓↓↓↓↓↓↓↓↓↓↓↓↓↓↓↓
https://goo.gl/KjV1JA

ツイート　　ツイートと返信　　メディア　　いいね

📌 固定されたツイート
王子@白馬乗ってます @pri... 9/2
9末に舞踏会イベ開催します！参加費無料

シンデレラ

王子のプロフ。舞踏会イベントのプロデュースについては王子までご連絡を。白タイツが目印です。

絶対に忖度しない魔法の鏡

SNOW WHITE

白雪姫

白雪姫とは……？

むかしむかし、あるところに白雪姫という美しい娘がいました。継母である王妃は、魔法の鏡に「世界で一番美しいのは誰か」を聞いて過ごしていましたが、ある日、鏡が世界一美しいのは王妃ではなく白雪姫だと言います。怒った王妃は猟師に命令して白雪姫を殺そうとします。白雪姫を不憫に思った猟師はこっそり彼女を逃がし、白雪姫は森で七人の小人と一緒に暮らすことに。ところがその後、鏡が「世界一美しいのは白雪姫」と答えたことで、王妃は白雪姫が生きていることを知ります。王妃は老婆に化けて毒りんごを届け、白雪姫を殺してしまいました。しかしそこに現れた王子のおかげで白雪姫は息を吹き返し、王妃は捕らわれます。やがて二人は結婚し、幸せに暮らしました。というお話。

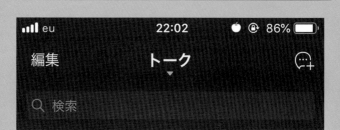

編集　　**トーク**　　

Q 検索

王子様　　22:02
新しい白馬の王子様とトークしよう！
👑👑　　N

魔女@りんご販売 　　21:57
ちょっといまお時間ありますか？りん
ごの試食を手伝ってもらってもよい…　　17

白雪＋7人の小人グループ(8)　　20:03
本日もお仕事おつかれさまでした。そ
れではまた明日！7人とも直帰しま…

OLD NEWS　　19:39
世界で一番美しい？森に住む美少女が
話題に - OLD NEWS ダイジェスト

Castle Coffee公式　　18:20
【王子キャンペーン】いまなら舞踏会
ご招待チケットをプレゼント中！

狩人☆王宮御用達　　金曜日
王妃にはうまく説明しておきますね

ホーム　トーク　タイムライン　ニュース　鏡

白雪姫

白雪姫がスマホでLINEをやっていた場合。新しく友だちになった白馬の王子様から目の覚めるスタンプも。

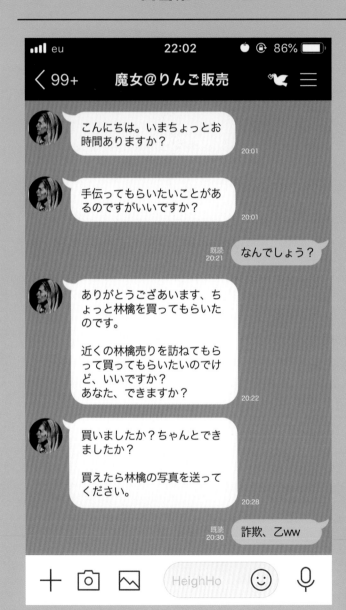

白雪姫

森で出会った魔女の方からのLINE。知らない人からのLINEは詐欺の可能性があるので気をつけましょう。

ショップ　**スタンプ情報**

スタジオ王妃 >
**鏡よ世界一美しいのは誰…？
王妃様への返答専用スタンプ**
有効期間 - 王政終了まで

30,000
保有金貨: 0

プレゼントする	購入する

世界で一番美しいのは誰…？王妃様に聞かれたとき
に困らない専用スタンプがついに登場！これさえあ
れば、王妃様の横暴も乗り越えられるゾ！

スタンプをタップするとプレビューが表示されます。

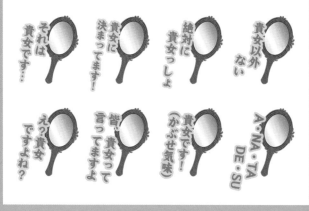

白雪姫

王妃に人気の鏡スタンプ。あらゆるパターンで王妃のご
機嫌をお取りください。お値段は張りますが。

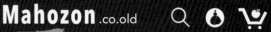

Mahozon.co.old 　Q 🔍 🛒

【会話機能つきモデル】魔法の鏡(手鏡タイプ・美女検索搭載・カラー ナチュラル)

マジカル本舗 ✓HAIHOHAIHO

★★★★☆ (8件のカスタマーレビュー)

2点在庫あり（入荷予定あり）
美女検索については検索が行われた時点での世界一の美女を回答するため、検索ごとに回答が異なる場合がございます。

カスタマーレビュー

レビュー対象商品: 【会話機能つきモデル】魔法の鏡(手鏡タイプ…

☆☆☆☆☆「普段使いもできる便利アイテム」

まず美女検索の正確さにビックリ！
ほんとに世界一の美女を回答してくれますね。
自分の名前が出たときは、正直テレてちょっと笑っちゃいましたけど(笑)。手鏡なので普段使いにもよいサイズ感で、旅行にも持っていけちゃいます。
鏡好きの王妃様にもオススメです！

by. SHIRAYUKI

このレビューは参考になりましたか？ 　はい 　いいえ

★★★☆☆「精度の高さは◎、一方で懸念も…」

当方、狩人をやっているので手鏡はあまり使わないのですが、目玉の機能になっている美女検索機能は◎。
鏡がしっかりと会話で回答してくれるインターフェースを採用しているので、操作方法がわからないような初心者や高齢層にも使いこなせそうな点もgood。
ただし美女検索については、人によっては立腹するリスクもありそうなので、使う人やシチューションについては、やや限定的なアイテムとも言えるかな。総評としては、鏡としての満足度は非常に高い良品。

by. 通りすがりの狩人

このレビューは参考になりましたか？ 　はい 　いいえ

白雪姫

白雪姫の魔法の鏡が通販サイトで売っていた場合のレビュー。某美女ユーザーからは好評の一品。

 Mahozon.co.old

★☆☆☆☆「本当に世界一の美女を検索してるの？？？」

うーん。。。
この鏡はどうなんでしょうか。。。
この美女検索ってやつは、ほんとうにちゃんと機能し
ているのでしょうか？？？？
きちんと動作の確認をされているのでしょうか？？
なんだか評価がすごく偏ってるというか、年齢を重視
しすぎているように感じますし、若い人ほど評価が高
いような？？？気がしますが、お使いのみなさんどう
なんでしょうか。。。
実際に名前が出た方を知っていますが、正直「あの人
が？？？」という印象の人でしたよ(笑)。
わたしの城にいる人達にも聞いてみましたが、やっぱ
り同じような印象をお持ちのようでしたし…。
思わず割ってしまいそうになりましたが、
いまはぐっとこらえて使っています。。。

評価としては本当は星1もつけたくないです。

by. 名無しの王妃様

このレビューは参考になりましたか？ 　はい　　いいえ

よく一緒に購入されている商品

 ＋

美味しい美味しいリンゴ(訳
あり品・3個セット)
★★★★☆
(22件のカスタマーレビュー)

この商品を買った人は他にこんな商品も購入

老婆かんたん変装
セット(女性用)
★★★☆☆
(2件のレビュー)

果物用かごバッグ
ナチュラルカラー
★★★★☆
(11件のレビュー)

白雪姫

一方で、一部の王妃の方からはハードクレームも。一緒に購入されている商品、怖い。

狩　狩猟・駆除

急募

狩猟・害獣駆除 サポート業務
（正社員・アルバイト）

国認定 狩人スタッフ 王妃専属受託業務

業務内容	王宮近辺の森林での狩猟ならびに害獣駆除のサポート業務。王妃様からの直接業務委託となります。
勤務地	森（王妃様対応時は宮殿勤務）
勤務時間	日の出～日の入り（残業なし）
待遇	制服支給（毛皮）、賄いあり、コミュニケーション力の高い方、大歓迎！

森での狩猟業務や王妃の依頼を受ける楽しい職場です！

連絡の上、履歴書をご持参ください

石　鉱石採掘・補助

七人の小人と一緒に鉱山で鉱石掘りをしてみませんか？

住み込み ハイホースタッフ募集

仕事内容	森の中の鉱山で鉱石を掘るかんたんなお仕事です。
勤務地	東の森近辺の鉱脈への派遣
待遇	住み込み・ツルハシ貸与・賄いあり
募集人材	体力に自信のある方、鉱山が好きな方、歌に興味がある方。

住み込みで働ける！（当社小屋）

七人の先輩メンバーが丁寧にサポート！
明るく元気に歌うのが好きな方大歓迎！

※お問い合わせ　担当 七人の小人

白雪姫

白雪姫の世界に求人雑誌があった場合の求人内容。狩人の職場はコンプライアンス違反が多そうです。

☰ 　発言城下町　🔍 ✏
　　　　　　　　　　検索 トピ作成

👑 王族・身近な話題

家の魔法の鏡が「世界一美しいのは白雪姫」と言うのですが…

💬 レス 194　　◆ お気に入り貴族 697

👤 **王妃@城住まい**
10月18日 12:07　　　　　　　　　話題

城住まいをしている40代後半の王妃です。

先日、我が家の魔法の鏡に「世界で一番美しいのは誰？」とたずねたところ「白雪姫という娘です」と返事され、唖然としてしまいました。これまでは「王妃様です」「貴女です」というような返事が当たり前だったので耳を疑いました。

鏡の言い分としては「あくまで一意見としての回答です」とのこと。これってどうなんでしょうか？？？

白雪姫

白雪姫の王妃が発言小町的な掲示板に悩みを投稿していた場合。寿りんごの件は伏せて投稿。

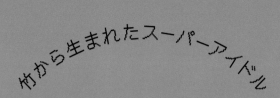

PRINCESS KAGUYA

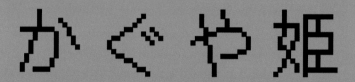

かぐや姫とは……？

むかしむかし、あるところに竹取の翁がいました。ある日翁が山を歩いていると竹が光り輝いており、近寄ってみると中には小さな女の子が。翁は女の子を「かぐや姫」と名付け、育てることにしました。やがてかぐや姫はとても美しい女性に育ち、都でも噂を呼ぶほどに。その噂をうけて、五人の公達がかぐや姫に求婚しましたが、彼女は様々な難題を出し求婚を断り続けました。やがて帝もかぐや姫に求婚しましたが姫は断ります。そしてかぐや姫は「自分は月の都の人であるので、月に帰らねばならない」と告げます。帝はかぐや姫を守るために多くの軍勢を派遣しますが、月からやってきた使者の前では役に立たず、かぐや姫は月に去ってしまいました。というお話。

かぐや姫

かぐや姫のお財布の中身。月と地球の往復に便利な「ツキカ」は月の民、必携の一枚。団子でオートチャージ。

かぐや姫の財布の中身

京御所

KYO GO SYO

代表

帝 mikado

先日はありがとうございました。月に帰られるまえにぜひご飯でもいきましょう。気軽に連絡くださいね！！

京千本通り土御門東洞院殿
E-mail: mikado@kyo.old
https://bit.ly/32CioEr

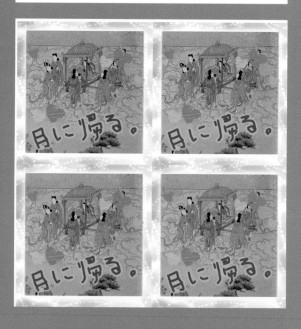

かぐや姫

帝の名刺と、お迎えメンバーみんなで撮ったプリ。
ウチらの友情は時代を超えて永久（とわ）だよね。

KYOMIYAKO BUCKS

京 朱雀大路・千本通店

HEIAN CODE #794

============================

1 ｸﾞﾗﾝﾃﾞ 龍の首の珠ﾗﾃ		520
ToGo月		(ｶｽﾀﾑ)
1 仏の御石の鉢ToGoﾀﾝﾌﾞﾗｰ		1800
355mlｻｲｽﾞ		
1 火鼠の裘ﾅｯﾂ		200
ToGo月		(ｶｽﾀﾑ)
1 燕産・子安貝ｷｯｼｭ		600
ToGo月		(ｶｽﾀﾑ)

本体合計(4点)　　　　　　　3120

　(年貢　　　　　　　　　　200)

　総合計　　　　　　　　　3320

0119287601192876130130   1174/3/2 13:22:10

(01)04912345123459(10)ABC123

都のメンズといったカフェのレシート。姫のリクエスト
で、皆見たこともない珍しい一品を頼んでいます。

光る竹より絶対輝ける！「平安宮ブライド」を徹底攻略！

平安 結婚情報誌
左京版

ヒメシイ

治承3年
November
毎月発行

11 月号

超保存版！月人用
カラー｜布地｜形
絶対かわいい
天の羽衣
選びBOOK

特別付録
絶対月に帰れる
空飛ぶ牛車
付き

遷都毎に一度だけ 帝専用
公達・帝
ヘイアンシイ
＼いまどき平安男子の／
＼結婚準備がわかる！／

仏の御石の鉢？
火鼠の裘？
最強！引き出物 **5** 選

オシャレ平安女子のための
最旬引眉
スナップ

超豪華3大付録付き！

特大号!!

竹から生まれたありがとうを言葉に…
翁へのお礼の手紙講座
＼公達への所望の品から翁へのお礼まで10の鉄板リスト！／

月に行く前に必ずやっておきたい！
平安女子のやることリスト

簡単＆外さない！月からのゲストおもてなしマナー7つ
二千人できっちり守る！式場警備の軍勢スタッフ配備のいろは

かぐや姫

かぐや姫の世界に結婚情報誌があった場合。平安女子らしい
オシャレな引眉スナップも盛りだくさん！　雅〜。

ご報告

私事ではございますが、
私かぐや姫はこの度、故郷である月へ
帰ることを決心いたしましたことを
ここにご報告させていただきます。

竹から生まれて以来、おじいさんおばあさんに
多大なる愛情をもって育てていただいてきましたが、
故郷である月への想いを捨てきれず
今後の人生を考えた時に、

かぐや姫が電撃発表「月へ帰ります」

姫の直筆FAX

帰ることを決心

おじいさん　　　　　　　持ちの嘘はつけな

私の好　　　　していただく愛情ならびに、
ファンの方々を驚か
大変な

「この度、故郷である月へ、帰ることを決心しました」

かぐや姫

かぐや姫が月に帰ることを芸能人風に発表した場合。
マスコミ各社に届く直筆サイン入りのFAX。

トレンディかぐや姫

@スエヒロ

昔話の成り立ちには、実際にあった出来事やそれに対する教訓が、物語として語り継がれているものもあります。つい最近あったことが長い時間をかけて昔話になり、さらに長い時を経ると伝説や神話になっていくわけです。悠長み、ありますね。そう考えると、現代で作られている物語、たとえばテレビの恋愛ドラマやサスペンスなんかも、いつの日か昔話として語られる日が来るのかもしれません。
あの月9も、いつの日か雅〜な物語として語られるのかも。
むかしむかしあるところに、たいそう男前の若者がいて、言いました。ちょ、待てよ！

かぐや姫の引退発表YouTube

bambooチャンネル

 チャンネル登録　チャンネル登録者数
求婚者 1,981人

ホーム　　　動画　　　再生リスト　✓

アップロード動画

 【重大発表】今後の
活動について。
12万回視聴・2日前

 【ガチ】自分の出自
が衝撃的だった件…
22万回視聴・3日前

かぐや姫

さらにYouTubeでも重大発表。自宅の部屋の中、
正装姿でカメラ前に正座するかぐや姫。

昔話のスーパーのチラシ

昔話の世界にスーパーがあった場合のセールチラシ。
きびだんごは思いのほかボリューミーなので要注意。

世界の真

本当はおもしろすぎる

●裸の王様●オオカミ少年●アラジンと魔法のランプ●北風と太陽●ヘンゼルとグレーテル●マッチ売りの少女

昔話実

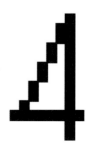

4

世界でいちばん涼しいクールビズ

NAKED KING

裸の王様

裸の王様とは……？

むかしむかし、あるところに王様がいました。その王様のもとに仕立て屋のふりをした二人の詐欺師がやってきました。仕立て屋たちは王様に「愚か者や利口でない者には見えない布で服を作ることができる」と言いました。王様は珍しがって、その生地で服を仕立てるよう言います。やがて服は仕上がりましたが、王様にはその服がまったく見えません。しかし「見えない」とは言えない王様は、服を褒め称えます。それを見た家来たちも調子を合わせて褒め称えます。王様はその服を着てパレードに繰り出しますが、民たちも服が見えないとは言えずに王様を褒め称えます。ところがある小さな子どもが「王様は裸だ」と声を上げるとやがて皆も「王様は裸だ」と言い始めたのでした。というお話。

‖‖‖ KingBank 🛜　　22:33　　✈ 72% 🔋

🔍 item.andersen.co.old

A　🐎　❗　(行進)　**王様パレード実施感謝祭**
　　　　　　　　　　　▶10/15 ㊎ 0:00からスタート！

城下町の仕立て屋ショップ　　　　　　　＞

Andersen
スーパー　この商品は**スーパーSALE対象商品**です
SALE　王様のお触れが出るまで！ 購入で+30%ポイント還元！

商品画像(※見えない場合がございます)

● ● ● ● ●

【頭のいい人にしか見えないモデル】メンズ貴族・王様シャツ 長袖 無地 Lサイズ

仕立て屋オーダーメイド・送料無料・秋冬

価格 **17,468金貨** (貴族価格)

㊤ **6,987王ポイント** ❶
(40%年貢バック)

※商品が見えなかった場合は3日以内にご返品ください。

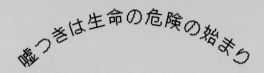

WOLF BOY

オオカミ少年

オオカミ少年とは……？

むかしむかし、あるところに羊飼いの少年がいて、その少年はいつも退屈しのぎに嘘をついていました。村の中で大きな声で「オオカミが来たぞ！」と叫んで、慌てて飛び出してきた村人たちを見ては笑っていました。しかし少年は毎日のように、オオカミが来たと嘘をついていたので、飛び出してくる村人の数もどんどん減っていきました。ところがある日、少年が羊の世話をしていると、本当にオオカミがやってきたのです。少年は慌てて「オオカミが来たぞ！オオカミが来たぞ！」と叫びますが、村人たちは、もう誰ひとりとして少年を信じてくれませんでした。というお話。

STOP！
狼がキタキタ詐欺！

羊飼いによるいたずら詐欺が急増中！

ダ"メェ〜"絶対！

羊飼いの少年が近隣に狼が来たと嘘をつく行為が
多発しています。そのような声を聞いた場合は、

家族　村長　狩人　などに　相談

こんな声がしたら要注意…！それは **詐欺** です！

> 狼が来たぞ！

> 狼って
> 知ってます？

> オレオレ！
> オレ狼！

**狼が来ていないのに「狼が来た」と言うことは
村人からの信頼をなくす危険な行為です！**

西のはずれの村警察・羊飼い安全パトロール課

オオカミ少年

オオカミ少年の嘘・詐欺を注意する啓蒙ポスター。
「狼が来た！」の声に慌てる前に、まずは村人に相談を。

ランプから飛び出すおじさん

ALADDIN AND
MAGIC LAMP

アラジンと魔法のランプ

アラジンと魔法のランプとは……？

むかしむかし、あるところにアラジンという貧しい青年がいました。ある日アラジンのもとに、叔父だと名乗る魔法使いがやってきます。その魔法使いはアラジンをそそのかし、洞窟の中から魔法のランプを取ってくるように頼みます。アラジンは魔法のランプを手に入れますが、魔法使いによって洞窟に閉じ込められてしまいます。すると魔法のランプから願いを叶える魔神が現れて、アラジンを洞窟から救い出してくれました。そしてアラジンはランプの魔神の力でお姫様と結婚しますが、魔法使いにランプを奪われてしまいます。アラジンは今度は指輪の魔神の力を借りて魔法使いを退治し、ランプを取り戻しました。というお話。

なんでも3つの願いが叶う
ランプをつくりました。
ぜひお家でこすってみてください。

魔神入り

魔法のランプ
Magic lamp

カラー・ブラウン
取っ手付きタイプ

願いを増やすことはできません。

千夜一夜良品

鉄
ルビー
サファイヤ
アラビア製
MADE IN ARABIA

金貨 **220**枚

アラジンと魔法のランプ

アラジンと魔法のランプのランプが無印良品的お店で
売っていた場合の値札。千夜一夜良品のお勧めです。

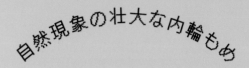

THE NORTH WIND
AND THE SUN

北風と太陽

北風と太陽とは……？

ある日、北風と太陽が、どちらのほうが力持ちかを話しあっていました。そこに、とある旅人が通りかかったので、北風と太陽はその旅人の上着を脱がせたほうが勝ちという勝負をすることにします。北風は旅人の上着を脱がせようと、旅人に向かって力いっぱい風を吹きかけましたが、旅人は寒さに震えながら上着をよりいっそう強く押さえ、結局、北風は上着を脱がすことができませんでした。

一方の太陽は、ギラギラと旅人を照らしはじめます。旅人は太陽に照らされて、汗をかき、ついには自分から上着を脱いでしまい、勝負は太陽の勝ちとなりました。というお話。

は N	**30**	赤すきんのお家探訪!!! ゲスト おばあちゃん◇ N

00 字 第一回ちから比べ中継
決勝「北風 vs 太陽」
(中断 N) (勝負延長の
場合、以降の番組変更)
北風　太陽　旅人
解説・イソップほか▽暴
風VS灼熱!自然界の首
位決戦、いよいよ決着!
▽北風の戦略徹底解説
太陽の後攻めに注目▽
陽気な旅人が遂に脱ぐ
のか▽イソップが生解説
勝者の予想を投票▽勝
ちはどちらに転がるのか
【中止】アンデルセン&ハ
ダカの王様、ぶらり城下
町歩き珍道中記(再) 天 N

9:54 ジャックの豆レシピ◇ N

00 終 白雪姫かっ!人気の名
産りんごベスト10、ぜん
ぶ当てるまで帰れない

7　8　9　10

北風と太陽

北風と太陽の力勝負がテレビで中継されていた場合。
勝敗をうっかり予言しちゃう縦読みにも注目。

イソップブック　🔍

太陽さんは旅人さん、北風さんと野っ原にいます。　•••

上着を脱がせました。

9月15日

【ご報告】すでに一部の風の方はご存知かと思いますが、この度、旅人さんの上着を無事脱がせたことを、この場を借りてご報告させていただきます。
皆様のご声援のおかげでこの日を迎えることができました。ふつつかものではございますが今後とも、太陽を何卒宜しくお願いします。

👍❤️ 旅人さん、他12,120人

暑いね！　　コメント　　伝書鳩でメッセージ送信

北風と太陽

北風と太陽がFacebookをやっていた場合。負けたのに太陽にタグ付けされちゃう不憫な北風氏。

一方の北風氏のプロフィール。蝶の羽ばたき程度だったあの風が、いまでは立派な強風になっています。

---

ull GreeceBank 　21:47　　**↑ 85% ▬**

イソップブック　　Q 💬⁹

北 風

💼 **North Windows株式会社** 代表

💼 以前の勤務先: **有限会社そよ風**

≋ 以前の風向き: **北北西 (微風)**

🎓 出身校: **蝶の羽ばたき西高校**

🏛 👤 🔵 👥 🔔 ☰

北風と太陽のまちぼうけ　　　　📎 スエヒロ

ただただ歩いていたら北風と太陽の勝負に巻き込まれる旅人。不憫でならない彼を現代文明の利器で応援したい。北風と太陽は旅人の上着を脱がそうとするわけですから、まずは高機能なアウターを旅人に身に着けてもらいます。防寒・防寒はもちろんのこと、太陽の急がば回れアプローチへの対策に、発汗機能が優れたインナーも用意したい。ファン付きの空調服を着てもらうのも手ですね。ブ〜ンって音するやつ。また事前に気象予報なりを出して、「そもそも旅人を旅に行かせない」という手も。こないね〜、旅人 (太陽)。こないっすね〜 (北風)。

お菓子でできた1LDK

HANSEL AND GRETEL

ヘンゼルとグレーテル

ヘンゼルとグレーテルとは……？

むかしむかし、あるところにヘンゼルとグレーテルという兄妹がいました。二人の家は貧しかったため、ある日、兄妹は森に捨てられてしまいます。しかし兄のヘンゼルが道しるべとして光る小石を道々に落としていたため、二人はそれをたどって家に帰ることができました。ところが二人はまた森に捨てられてしまいます。小石のなかったヘンゼルは、今度は目印にパンくずを落としていきますが、パンくずは小鳥たちについばまれ、なくなってしまいました。兄妹は森をさまよい歩き、お菓子の家を見つけますが、それは悪い魔女の家でした。二人は危うく食べられそうになったものの、なんとか魔女を退治して無事家にたどり着き、その後は幸せに暮らしました。というお話。

閑静な森のなかで静かに佇む、
芳醇な香りを放つ魔女的空間。
甘美なスイーツ邸宅、ここに完成。
My house of candy

恐ろしの山

「お菓子の家」

魔の泉

森入り口

西の広場

家屋・家財すべて
可食
(ケーキ・パン・砂糖)

パンくず清掃
小鳥あり
(24時間)

コンシェルジュ
老婆あり
(※要対価)

甘い家に住まう。

お菓子製戸建て新築住宅/魔女公認/少年少女・入居可能物件

可食型邸宅シリーズ　「**お菓子の家**」

現地モデルルーム内覧可/好評分譲中　お菓子のおうち　検索

ヘンゼルとグレーテル

お菓子の家が不動産チラシになっていた場合。コンシェルジュの老婆への対価、それは……お前だっ！

.ıll morimo　　　　18:23　　@ ⏰ ✳ 99% 🔋

HOHOO! JAPAN　**森の道案内**

木こりの家 → 森の中

◀1本前　　**9月7日 18:25出発**　　1本後▶

18:25発 **発** **木こりの家**

> **木こり同行**
> 町の東の木こりの家
> ────────────
> 目印 光る小石
>
> [発] 正面玄関
> [着] 森の広場
>
> ※復路については木こりが同行しない
> 場合がございます。ご自身の力でお帰
> りください。

22:20着 **着** **森の中**　　　　地図 >

📍 未成年者のみでご来訪時の注意 >

トップ　　Myページ　　時刻表 NEW!　　菓子情報 k　　設定

ヘンゼルとグレーテル

ヘンゼルとグレーテルが往復の道をアプリで調べたら。往路は光る小石で予定通りに到着できます。

ıll morimo　　　　18:23　　@ ⭕ ✳ 99% ▭

 HOHOO! 森の道案内
JAPAN

森の中 → 木こりの家

◀ 1本前　　　9月21日
19:12出発　　　1本後 ▶

19:12発 **発** 森の中

二人で徒歩
パンくず道
※パンくずは小鳥の状況などにより除
去される場合がございます。

22:20着 ◯ **お菓子の家**

老婆対応
屋根・ケーキ、壁・パン、窓・砂糖
※宿泊の場合、日数は老婆から指定さ
れる場合がございます。

12:20着 **着** 木こりの家　　　地図 ›

📍 老婆宅から財宝を持ち帰る方 ›

　　⊥　　　　**k**　　⚙
トップ　Myページ　時刻表　菓子情報　設定

ヘンゼルとグレーテル

一方の帰り道は、パンくずの状況次第では到着遅延もありそう。お菓子の家止まりの列車にご注意を。

大晦日だよ、幻影集合！

MATCH
SELL GIRL

マッチ売り
の少女

マッチ売りの少女とは……？

むかしむかし、あるところにマッチ売りの貧しい少女がいました。少女は大晦日の晩、寒空の下でマッチを売り歩きますが、街ゆく人は誰も買ってくれません。少女は寒さを凌ぐためにマッチを一本すりました。すると目の前にストーブが現れましたが、少女が暖まろうと手を伸ばすとマッチの火が消えストーブも消えてしまいました。少女がさらにマッチをすると今度は美味しそうな七面鳥やクリスマスツリーが現れましたが、マッチが消えるとまた七面鳥もツリーも消えてしまいました。少女が最後のマッチをすると亡くなった祖母が現れました。マッチが消えると少女は祖母と一緒に、天国に昇ってしまいました。というお話。

領 収 証　　　　　　　　　　No. _12012_

通りすがりの紳士 様 12 月 31 日

金額　　**金貨 2 枚**

但　七面鳥のごちそうの幻影がでるマッチ代金として

上記金額正に領収致しました

内訳 ＿＿＿＿＿＿＿＿

税金 ＿＿＿＿＿＿＿＿

マッチ販売・卸売
株式会社 **少女マッチ**
デンマークフュン島オーデンセ 2-11
TEL （121029）-101110-2代
FAX （121029）-101110-1

領 収 証　　　　　　　　　　No. _12016_

裕福な御婦人 様 12 月 31 日

金額　　**金貨 2 枚**

但　飾られたクリスマスツリーの幻影がでるマッチ代金として

上記金額正に領収致しました

内訳 ＿＿＿＿＿＿＿＿

税金 ＿＿＿＿＿＿＿＿

マッチ販売・卸売
株式会社 **少女マッチ**
デンマークフュン島オーデンセ 2-11
TEL （121029）-101110-2代
FAX （121029）-101110-1

マッチ売りの少女　　マッチ売りの少女が領収証を切ってくれた場合。一度
すられて幻影をお出しになった後の返品は不可です。

世界で一番珍しいジャーニー

GULLIVER'S
TRAVELS

ガリバー旅行記

ガリバー旅行記とは……？

むかしむかし、あるところに船医のガリバーという男がいました。ある日、ガリバーは乗っていた船が難破して小人の国にたどり着きます。はじめガリバーは小人たちに捕まってしまいますが、お城の火事を消し止めたり、敵国の船を撃退したりして、しだいに小人たちの信頼を集めます。そんなガリバーを妬んだ小人の国の王様によって、ガリバーは殺されそうになりますが、なんとか逃げ出し、小人たちが作ってくれた船で無事に国に帰ることができました。ガリバーはその後、巨人の国、学者の国、不死の国、馬の国などに旅を続けていきました。というお話。

ガリバー旅行記

旅行代理店がガリバー旅行記のツアーパンフを出していた場合。ラピュータ訪問のご予約はお早めに。

大人になりたくない系男子

PETER PAN

ピーターパン

ピーターパンとは……？

ある日、イギリスに住むウエンディという女の子のもとに、ピーターパンという少年と妖精のティンカー・ベルがやってきました。ピーターパンはウエンディに、ネバーランドにいる「迷子の男の子」にお話を聞かせてほしいと頼みます。ウエンディはジョンとマイケルという弟たちと一緒に、窓から夜空を飛んでネバーランドへとたどり着きます。

ネバーランドには鉄の鉤を持ったフック船長率いる海賊や、先住民や、獣たちがいました。ピーターパンとウエンディたちは、冒険を繰り広げ、最後には迷子の男の子たちと一緒にイギリスに帰り着きました。というお話。

異世界最新版

特別2大付録
妖精の谷全域MAP
はじめての空中散歩BOOK

異世界 最新版
ネバーランド 7月版

異世界 最新版 7月
ネバーランド
ネヴァー・ネヴァー・ランド

海賊 お土産プラン

冠 王
ダイヤ 指輪
各種 財宝
金・銀 etc..

必食!
妖精グルメ
映え＆おいしい

露りつく
のみる
夜どんぐりはちみき

必見！夢の国
穴場スポット

寝室から直行！パジャマで行ける！

ピーターパン推薦！

妖精の谷 人魚の泉

ドクロ岩 ワニの湿地

ピーターパン

ピーターパンのネバーランドの旅行ガイド本があった
場合。妖精グルメのお勧めは「夜露」です。

LONDON LONDON LONDON
LONDON LONDON LONDON
LONDON LONDON LONDON
LONDON LONDON LONDON
LONDON LONDON LONDON
LONDON LONDON LONDON
LONDON LONDON LONDON

LONDON

夢の国
ネバーランド 入国券

◇チケットの払い戻しキャンセルのお問い合わせ
お問い合わせ先: ネバーランドチケット販売センター
お問い合わせ時間: 平日 午前10:00～午後7:00

１ナイト パスポート 小人 １名
ロンドン出発 ベッドルーム送迎プラン

指定席 A列 ２番

※チケットは小人のみご利用いただけます。雨天中止の場合は一週間以
内にピーターパンまでお問い合わせください。

海賊への転売は固くお断りしています。海賊への転売は固くお断りしています海賊への転

夢の国
ネバーランド
入国券

１ナイトパスポート
小人 1名

ロンドン出発
送迎プラン

A列2番

LONDON

LONDON

ピーターパン　　　ネバーランドに入場するためのチケットが必要だった場合。
夜から島に入場するのでお得なチケットです。

交通のご案内　ACCESS INFORMATION

ロンドン

↓ 2時間45分

ネバーランド

●妖精便をご利用の場合
　ロンドンから寝室直行便で約2時間45分

●海賊船をご利用の場合
　各近隣都市から海賊の船で約3日

※ネバーランドには最寄りの公共交通機関または
ピーターパン便・妖精便などをご利用の上ご
来訪ください。

ピーターパン観光組合

ネバーランドの宿泊・食事・観光名所
などをご案内いたします。お問い合わ
せは各事務所まで。

ピーターパンが
ご案内いたします

ピクシー・ホロウ営業所

ピクシー・ホロウ1丁目12-3

スカルロック営業所

スカルロック5合目
海賊モール 2F

永遠の子ども用

NEVERLAND GUIDE MAP

ネバーランド

M A P

観光・街歩きガイド

国マップ　グルメ
お土産　海賊

ピーターパン観光組合

ピーターパン　　ネバーランド駅前の観光案内所に置いてありそうなリーフ
レット。ランドへのアクセスから地元の海賊情報まで。

豆が主役

JACK AND
BEAN TREE

ジャックと豆の木

ジャックと豆の木とは……？

むかしむかし、あるところにジャックという男の子がいました。ある日、ジャックは母親に頼まれて町に牛を売りに行きますが、途中で出会った男と、牛と豆を交換してしまいます。怒った母親に豆は捨てられてしまいますが、その豆は巨木へと成長します。ジャックは巨木に登って巨人の城にたどり着き、そこで金の卵を産む鶏を手に入れます。その後、ジャックは再び木に登り、巨人の城を訪れますが、今度は巨人に見つかって追われることに。巨人がジャックを追いかけて豆の木を降りてきているところで間一髪、木を切り倒し、巨人は落ちて死んでしまいました。というお話。

植えるだけであなたも雲の上まで運気上昇！

ジャックの豆の木

人生が変わる！

幸運が到来！

金運　恋愛　巨人　金卵　健康　金琴

通常の豆の1万4000倍の成長力！驚異の幸運パワーが貴方に！

牛と同等の価値を誇る驚異のスーパー豆がついに貴方のもとに。庭に埋めるだけで通常の豆の1万4000倍の成長力(※当社比)で天高くそびえる巨木に育つ！雲の上の巨人の城で幸運の宝をゲットするチャンス！

ジャック氏公認商品！予約殺到！

幸運の声続出！

当商品はあのジャック氏が完全公認！一粒あるだけであなたの人生が360度変わること間違いなし！ただいま第二次予約を受付中ですので急いでお求めください…！

※巨人に追われる場合がございますのでご了承ください。

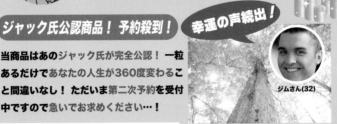

ジムさん(32)

たった一晩で育った巨木(※イメージです)

ジャックと豆の木　　ジャックが手に入れた豆が通販で売っていた場合。これさえあれば、あなたも金の卵をゲットできる！

赤ずきんちゃん、ご用心♪

RED CAP GIRL

赤ずきん ちゃん

赤ずきんちゃんとは……？

むかしむかし、あるところに赤ずきんと呼ばれる女の子が いました。ある日、赤ずきんは森の中のおばあさんの家に お見舞いに向かいます。その途中で赤ずきんはオオカミと 出会います。オオカミは赤ずきんにおばあさんへのお土産 に花を摘むよう勧めました。そしてオオカミはその間にお ばあさんの家に先回りしておばあさんを食べてしまいます。 やがておばあさんの家にやってきた赤ずきんもオオカミに ぺろりと食べられてしまいました。オオカミは満腹になっ て眠りにつきますが、やってきた猟師がお腹の中から赤ず きんとおばあさんを救い出し、赤ずきんは無事家に帰り着 きました。というお話。

はじめての赤ずきんよくあるご質問(FAQ)

Q. 赤以外のずきんでもよいですか？

A. いいえ、赤色が指定カラーとなります。指定カラー以外での参加はできません。当日は赤ずきんを着用の上、おばあさんの家までお越しください。

Q. 友達と一緒に参加してもよいですか？

A. いいえ、お一人でご参加ください。二人以上でご来訪された場合は入館をお断りする場合がございます。猟師とのご来訪もお断りいたします。

Q. おばあさんへのお土産は必要ですか？

A. お土産をお持ちいただくことを推奨しております。花、果物、軽食などをお持ちの上、ご来訪ください。

Q. おばあさんの耳はなぜ大きいのですか？

A. 担当おばあさんの耳が大きいのは、お客様のお声を正確にお聞きするためとなりますので、ご了承ください。

Q. おばあさんの口はなぜ大きいのですか？

A. 担当おばあさんの口が大きい理由は、ご来訪時に館内ベッドにおります、担当おばあさんまで直接お問い合わせください。

赤ずきんちゃん

初めて赤ずきんをされる方向けのFAQ。これから森のおばあさんをお見舞いされる方はぜひご参考に。

やはり真面目にコツコツ、がいちばんです

ANT AND
GRASSHOPPER

アリと
キリギリス

アリとキリギリスとは……？

むかしむかし、あるところにアリとキリギリスがいました。ある夏の時季、キリギリスは楽しくバイオリンを弾きながら過ごしていました。一方アリは、冬に備えて一生懸命、食料を集めて過ごしました。アリはキリギリスに「冬になって困らないように、働いたほうがいい」と言いますが、キリギリスは気にもかけません。そしていよいよ冬がやってきました。アリは夏の間に蓄えた食料で豊かに過ごしますが、キリギリスは食料がなくなり困り果ててしまいます。キリギリスはアリに助けを求めますが、アリは夏の日の出来事を話し、食べ物を分け与えませんでした。というお話。

夏期・冬期

虫 知 表

東の森市立

南虫学校

名前	キリギリス

※この通知表はお虫さんの普段の様子をお知らせするものです。
※これによってよりよい虫生活を送るために役立たせるためのものです。

アリとキリギリス

虫知表（ちゅうちひょう）の表紙。夏学期が終わった
ら、必ずお父さん・お母さんの虫に見せておくこと。

アリとキリギリスの通知表（評価）

キリギリスの通知表の中身。キリギリスくんは音楽や体育は得意ですが、計画を立てることが苦手ですね。

教科	観点	季節 夏期		冬期	
国語	国語への関心・意欲・態度	4	4	4	5
	アリと話す・聞く能力	4		4	
	アリに謝る・詫びる能力	3		5	
	アリにお願いをする力	3		5	
算数	算数への関心・意欲・態度	2	2	2	1
	冬場までの日数の数え方	1		1	
	越冬するための食料の計算	2		1	
	先々を計画する能力	2		1	
社会	社会的事象への関心・意欲・態度	2	2	1	1
	働くことへの意欲	1		2	
	虫としての思考・判断	2		1	
	夏場に働く技能	3		2	
体育	体育への関心・意欲・態度	3	4	3	4
	葉の間を飛び跳ねる力	5		5	
	葉を噛み切る力	4		4	
	冬を越す体力・技能	1		1	
音楽	音楽への関心・意欲・態度	5	5	5	5
	音楽を鑑賞する力	5		5	
	楽しく鳴く表現力	5		5	
	ヴァイオリンを弾く技能	5		5	

所見
常にマイペースで周りに流されることなく、毎日を楽しく過ごしています。一方で、先々の予定をたてること、将来に備えることに関しては意識できていない一面があります。冬場に備えてしっかりと準備しましょう。頑張れ！

お後がよろしいキリギリス　　スエヒロ

アリとキリギリスのお話の結末について。キリギリスはアリに助けを求めたものの見捨てられるパターンのほか、アリが哀れみの心で食べ物を分け与えるという結末に改変されたパターンも古くからあるそうです。その時のキリギリスの謝り方を想像すると、夏場に「働くなんて意味わかんない！」くらいの態度で出た手前、まずはメールで「その節は失礼いたしました」から入って、電話での謝罪、からの対面でのお願い、みたいな流れも踏んでいそうです。菓子折りを持ってスーツ姿でアリさんに泣きつくキリギリス。泣き落としというか、鳴き落としですね。虫だけに。

KSBN223-1-01-22031-1

C1923 ¥400E

定価 本体400円 + 税

K KC
古事記・コミックス

歴史書 712 - WADOU - 5

天 岩屋戸に閉じこもったアマテラスを、知恵によって見事に外に出すことに成功した神々一行。
一方、神々の審判により高天原を追放されたスサノオノミコトは、出雲国の肥河上流の鳥髪に降り立つ。そこで8つの頭と8本の尾を持った巨大な怪物「ヤマタノオロチ」の噂を耳にする…。怒涛の天地創造・神話物語!

古事記のジャンプコミックス

おまけ

日本最古の歴史書「古事記」がジャンプコミックス風だった場合。背表紙には長〜いヤマタノオロチが描かれそう。

現代の世

まだまだ奥が深い

● 銀河鉄道の夜
● 注文の多い料理店

童話界 5

- 蜘蛛の糸
- 走れメロス

夜空を流れる一筋の煙

NIGHT OF GALAXY RAILWAY

銀河鉄道の夜

銀河鉄道の夜とは……?

学校に通いながら活版所で働くジョバンニ。星祭の夜、丘に佇むジョバンニのもとに突然、「銀河ステーション」というアナウンスが響き、銀河鉄道が現れます。列車には親友のカンパネルラも乗っており、銀河鉄道に乗り込んだジョバンニは、北十字や白鳥の停車場を通り、サギなどの鳥を捕る人や、青年、姉弟と出会います。ジョバンニとカンパネルラは南十字を越え、石炭袋に近づきます。カンパネルラはいつの間にか姿を消し、気づくとジョバンニは丘の上で目覚めました。その後、ジョバンニはカンパネルラが川で溺れてしまったことを知りました。というお話。

銀河鉄道路線図

凡例
- 各駅停車
- 急行

北十字・南十字線
North-Southern cross Line

プリオシン海岸
アルビレオの観測所

サソリの火

銀河ステーション GT 01

白鳥の停車場 GT 02

鷲の停車場 GT 03

小さな停車場 GT 04

サザンクロス停車場 GT 05

石炭袋 GT 06

※天上へ向かわれる方を含め、車内での検札の際にはお持ちのきっぷを車掌までお見せください。

銀河鉄道の夜

銀河鉄道の夜に出てくる列車の路線図があった場合。
ほとんどの人がサザンクロスで下車します。

THE・ホラー・レストラン

MANY ORDERS FROM RESTAURANT

注文の多い料理店

注文の多い料理店とは……？

ある山奥で二人の青年が猟をしていました。歩くうち、森は深まり猟犬も逃げ出してしまいます。二人は途方にくれましたが、一軒の料理店を見つけ、足を踏みいれます。店には「ここは注文の多い料理店です」という注意書きがあり、中に進むうちに「体の泥を落としてください」「金属は外してください」などが書き連ねてありました。最後の扉をあけると「壺の中の塩を体に塗り込んでください」という注意書きがあり、二人はこれまでの注意書きが、自分たちを食べるためのものだったことに気づきます。ちょうどその時、逃げ出した猟犬が戻ってきて二人は助かりますが、恐怖に慄いた二人の顔は元には戻りませんでした。というお話。

人里圏外　　23:47　　🍴 @ 89% 🔋
d.meshi.story

🍚 童話飯ログ

公式　西洋料理

注文の多い料理店
(チュウモンノオオイリョウリテン)

西洋料理、リストランテ、森の中

★☆☆☆☆ 1.50　💬 2件

🌙 ¥0　☀ -　(太った方、若い方歓迎)

 イギリス風☆青年紳士

大正13年12月 来店 | 1回目

🌙 ★☆☆☆☆ **1.0** ¥0 / 青年紳士 2人

注文が多すぎてビックリ…。

友人と一緒に行きました。入店した途端、服を
脱げだの、貴金属を外せだの注文だらけ。挙げ
句「体に塩を塗り込んでください」とのこと。
これってもしかして自分たちが…と気付き慌て
てお店を出ました。全くオススメ出来ません。

注文の多い料理店

注文の多い料理店がグルメサイトにレビューを書き込まれていた場合。猟犬の同伴はNGのお店です。

抜け出せ、どん底！

YARN OF SPIDER

蜘蛛の糸

蜘蛛の糸とは……？

ある時、お釈迦様が極楽の蓮の池をのぞくと、その下にある地獄にカンダタという男が見えました。カンダタは悪事を働いた男でしたが、その昔一度だけ善い行いをしたことがありました。それは林の中を歩いている時に、小さな蜘蛛を踏まないようにしたことでした。お釈迦様は、そのことから一本の蜘蛛の糸を地獄に垂らし、カンダタを救おうとしました。カンダタは糸を登り始めますが、下を見ると他の罪人たちも糸を登り始めています。糸が切れてしまうと思ったカンダタは、「登るな、降りろ！」と声をあげますが、その瞬間ぷつりと糸は切れ、カンダタは再び地獄に落ちてしまいました。というお話。

OSYAKA

慈悲深い！
お釈迦様の救済ケーブル

AKUTA-GW

蜘蛛の糸
spider silk cable

Category **G/極楽**

1.地獄にも届く！

2.何人でも登れる！

但し、お釈迦様次第で仕様が変更
になる場合がございます。

罪人救済
スーパー
ストレート
仕様

お釈迦様の**ありがたみで**

糸が
切れない

※無慈悲な人間を除く

数万里
ストレート

蓮 の 葉 の 上 の 極 楽 の 蜘 蛛 製 　白蓮の間敷設仕様

蜘蛛の糸

お釈迦様が垂らした蜘蛛の糸が家電量販店で売っていた場合。
店員に切れないか必死に聞くカンダタさんの姿。

これぞ、友情！ 努力！ 勝利！

RUN MELOS

走れメロス

走れメロスとは……？

あるところに、羊飼いのメロスという青年がいました。ある日、メロスが町を訪れた時、王様であるディオニス王の横暴ぶりを耳にし、メロスは激怒します。メロスは王を暗殺しようとしますが捕らえられ、王の前で人を信じることの尊さを語ります。メロスは処刑されることになりますが、妹の結婚式に出席したいからと、友人のセリヌンティウスを人質として一度村へ戻ります。メロスが戻ることを信じない王ですが、メロスは川の氾濫や山賊の襲来などの困難を退け、約束の日までに町に戻りました。真の友情を目の当たりにした王は改心し、二人を許しました。というお話。

走れメロスのLINE

走れメロス

走れメロスのメロスがスマホでLINEをやっていた場合。気まずくてセリヌンティウスを未読スルー。

メロス通過による交通規制のお知らせ

ディオニス王との約束のため下記の日時とコースでメロスが通過する予定です。つきましては近隣住民の方に交通規制並びに、通過時の注意事項についてお知らせいたします。

紀元前360年4月9日(月)

スタート 日の出前(5:00前後) / メロスの村

ゴール 日が落ちるまで(17:00前後)/シラクス宮殿前広場

※ゴール時間は当日の天候やコース状況によって前後する場合がございます。ご了承ください。

近隣の方への注意事項

当日はランナーの通過に伴い、周辺道路に混雑が発生する可能性がございます。コース周辺の住民、事務所、及び施設利用の皆様には多大なご迷惑をお掛けしますが、何卒ご理解ください。

メロスの走りに加担するような行為(馬、荷馬車飲食の提供)は、決してしないでください。ディオニス王によって罰せられる場合があります。

走れメロス

メロスが走る付近に貼り出される告知のチラシ。
皆様、ぜひ沿道でメロスを応援・妨害ください!

ゴネろメロス

ⓠ スエヒロ

期限までに戻ると約束を交わしたメロス。もし本当に間に合ってなかったとしたら、一応は事情を説明するのではないでしょうか。
「川が氾濫してて橋が落ちてたんすよ」「マジ、山賊に襲われたんすよ」などなど。ディオニス王は暴君だけに歯牙にもかけないでしょうが、場合によっては「それなら仕方ないかも…?」となりうる可能性があるとしたら?「20〜30人倒れている人を助けた」「隕石が結構な数降ってきた」「反対回りで地球一周してきた」「早く着きすぎたので、そのあたりをブラブラしてた」とか。「もう着いていたんでセーフっすよね?」(メロス)

‧ll DazaU 　　　　17:01　　 🏃 ⊕ ➤ 76% ▮▮▮

ギリシャのトレンド

#メロスの到着時間を当てよう！

メロスは日没に間に合う？シラクス市民&暴君
大注目のチャレンジに君も参加しよう！

🔳 シラクス市(公式)によるプロモーション

1　**メロス頑張れ**　　　　　　　　　∨
　5,895件のツイート

　　🌑 セリヌンティウスさんがこの話題について
　　　ツイートしています。

2　**#melos_run_challenge**　　　　∨
　3,962件のツイート

　　🌐 暴君ディオニス王さんがこの話題について
　　　ツイートしています。

3　**ディオニス王最低**　　　　　　　∨
　12,253件のツイート

　　🌑 メロス妹さんがこの話題についてツイートして
　　　います。

4　**#メロスが見舞われそうな災難**
　36,967件のツイート

🏛　　　🔍　　　🔔　　　✉

走れメロス

メロスが疾走している時のツイッターのトレンド欄。「#メロスが見舞われそうな災難」は大喜利状態に。

知恵袋トップ > ハウツー > 怪物退治 > 蛇系

【急募】見ると石になってしまう怪物の退治方法を教えてください！

質問者

ペルセウス さん

質問です！

見た人を石に変える能力を持った怪物を退治したいのですが、なにか方法はないでしょうか？

補足

当方の装備は曲刀、楯、サンダル(ヘルメースの翼付きモデル)、兜です。

ベストアンサーに選ばれた回答

AthenaLOVE さん

直接見なければよいので、なにか反射するものを用意して、それに映して戦えばよいかと。

事前に準備出来ない場合は、お持ちの楯などを磨けば代用できると思います。

がんばってください。

質問した人からのコメント
ありがとうございます！！

無事退治できました〜。

メデューサの知恵袋相談

おまけ

メデューサの目を直接見ると石にされてしまうので、
知恵袋に相談。激落ちくんなどで磨いて臨みましょう。

OHANASHI HANDS

フロアガイド

6F バラエティ&魔法
●魔法のランプ ●空飛ぶ絨毯 ●鏡(世界一の美女探し用)
●魔法用杖・ステッキ ●かぼちゃの馬車 ●バイオリン

5F 木こり・DIYツール
●金の斧 ●銀の斧 ●普通の斧 ●斧整備グッズ ●鋸
●狩人グッズ ●弓 ●矢 ●各種ナイフ ●ロープ

4F ドレス&シューズ
●ガラスの靴 ●赤い靴 ●ドレス(各種カラー) ●人魚用品
●ティアラ ●舞踏会グッズ ●レンタルドレス(0時まで)

3F ホーム・クラフト
●こぶたの家用品 ●藁 ●木材 ●レンガ ●各種建具
●城補修用品 ●鐘(鐘楼用) ●路上販売用マッチ

2F 王子&ステーショナリー
●王冠 ●タイツ ●衣類(利口な人間にしか見えない)
●羽ペン ●レター ●シーリングスタンプ・ワックス

1F シーズン
季節に合わせた商品を展開いたします
2月は「猫用長靴」グッズ

昔話の世界のハンズのフロアマップ

童話の世界にハンズのようなホームセンターがあった場合。
斧をお探しの木こりの方は、5Fで担当女神までお願いします。

おわりに

　昔話や童話は、一般的に知られているストーリーとは違った展開や結末が存在するものが少なくありません。グリム童話などに代表されるような「本当はものすごく怖いお話」であるパターンも多く、うっかりそういう内容を知ってしまったりすると、笑顔の隣人の怖い一面を垣間見てしまったようで、気が気でなくなってしまいがちです。

　ただ逆に。「本当は怖い○○」があるのであれば、逆に「本当は面白い○○」とか「本当は笑える○○」とか「本当はものすごくテキトーな○○」という昔話や童話の裏側があってもいいのかもしれません。

　桃太郎もただなんとなく流れで鬼ヶ島に行くハメになっただけかもしれないですし、シンデレラも確信犯的に靴を脱いでいったのかもしれないですし、メロスも実は単に寝坊しただけかもしれないですし。

昔話や童話の行間に存在する、ハッピーで、ほのぼのして、間の抜けた側面を想像したり妄想したりするのも、物語の世界にどっぷりたっぷり浸かる方法としては、意外と楽しいのでおすすめです。

　今後もそんな物語の「余白」を楽しみながら、夜な夜な妄想ネタを作っていきたいです。

　俺たちの戦いはこれからだ！

2020年1月　スエヒロ

PROFILE

スエヒロ／京都生まれ。大学卒業後に上京、エンジニア
として働く。その後、ウェブ編集者に転身。大手ウェブメ
ディアで真面目な編集作業を行う傍ら、さまざまなユーモ
ア情報を発信中。すべて自分で制作した歴史や昔話をネタ
にしたパロディ画像をTwitterに随時アップ中。そのフォ
ロワー数は10万を超えている。他著書に『インスタ映え
する戦国時代』『【至急】塩を止められて困っています【信
玄】』『明日切腹させられないための 図解 戦国武将のビジ
ネスマナー入門』など多数 。
Twitter●@numrock

もしも桃太郎が少年ジャンプの連載だったら

2020年1月29日　第1刷発行

著　者　スエヒロ
発行者　茨木政彦
発行所　株式会社　集英社
　　　　〒101-8050　東京都千代田区一ツ橋2-5-10
　　　　電話　編集部　03-3230-6143
　　　　　　　読者係　03-3230-6080
　　　　　　　販売部　03-3230-6393（書店専用）
印刷所　大日本印刷株式会社
製本所　ナショナル製本協同組合